Christian Graf von Krockow

Eine Frage der Ehre

**Stauffenberg und das
Hitler-Attentat vom 20. Juli 1944**

Rowohlt Taschenbuch Verlag

Bildnachweis
S. 40 u. S. 147: Julia Kühn / S. 76: Aus Christian Müller: Oberst i. G. Stauffenberg.
Düsseldorf, 1970 / S. 91: Aus Joachim Kramarz: Claus Graf Stauffenberg,
15. November 1907–20. Juli 1944 / S. 171 u. S. 202: Christian Graf von Krockow /
Reproduktionen aller anderen Abbildungen: Gedenkstätte Deutscher
Widerstand, Berlin

Veröffentlicht im Rowohlt Taschenbuch Verlag,
Reinbek bei Hamburg, Juli 2004
Copyright © 2002 by Rowohlt · Berlin Verlag GmbH, Berlin
Lektorat Julia Kühn
Umschlaggestaltung any.way, Walter Hellmann / Cordula Schmidt
(Foto: ullstein bild)
Gesamtherstellung Clausen & Bosse, Leck
Printed in Germany
ISBN 3 499 61494 7

Inhalt

Wie konnte das passieren?

Fragen vorweg – und die Suche nach Antworten

Wie konnte das passieren? Wie war es möglich, dass im 20. Jahrhundert und mitten in Europa, in Deutschland, eine Gewaltherrschaft entstand, die Millionen von Opfern kostete?

Die Frage macht nicht nur junge Leute ratlos. Mich hat sie seit 1945 beschäftigt, als diese Gewaltherrschaft ans Ende kam, leider nicht durch deutsches Verdienst. Damals war ich 17 Jahre alt, und seit mehr als einem halben Jahrhundert versuche ich, eine Antwort zu finden. Vielleicht gelingt sie überhaupt nur in der Annäherung und im Vergleich, etwa so:

Man stelle sich einen Menschen vor, der an Krebs erkrankt. Eigentlich ist er noch jung, und das Leben liegt vor ihm. Doch alle Ärzte, die er aufsucht, einer nach dem anderen, schütteln den Kopf und sagen: «Es ist hoffnungslos; wir können nicht helfen.» Da erzählen Freunde von einem Wunderheiler, der das Unmögliche möglich macht. Natürlich geht der Verzweifelte zu ihm und bekommt zu hören: «Ja, ich kann dich retten, und ich werde dich retten – wenn du an mich glaubst und bedingungslos alles tust, was ich will.» Davon, dass der Glaube Berge versetzt, ist schon in der Bibel die Rede. Tatsächlich fühlt der Kranke sich bald besser, seine Schmerzen verschwinden; er scheint wieder gesund zu sein. Verständlich genug, schwört er nun auf den Wunderheiler und verachtet die Fachleute.

In der Zeit der Weimarer Republik, von 1918 bis 1933, waren die Deutschen ein krankes Volk. 1914 zogen sie jubelnd in den

Ersten Weltkrieg, kämpften mit all ihrer Tapferkeit, brachten unerhörte Opfer und behaupteten sich gegen eine Welt von Feinden. Ganz unverdient, so kam es ihnen vor, gerieten sie in die Niederlage. Ging es da mit rechten Dingen zu, waren nicht finstere Mächte, Verräter, Verbrecher am Werk? Bald sprach man vom «Dolchstoß» in den Rücken der siegreichen Front, und immer mehr Menschen glaubten daran.

Inzwischen diktierten die Sieger, was sie wollten. Sie forderten Gebietsabtretungen, das Eingeständnis einer deutschen Alleinschuld am Krieg, unerhörte, gar nicht erfüllbare Leistungen zur Wiedergutmachung, die Abrüstung bis zur Wehrlosigkeit. Im Inneren schlug mit Schuldvorwürfen beinahe jeder auf jeden ein. Es gab politische Morde, Putschversuche, blutige Kämpfe und im Parteienzank kaum stabile Mehrheiten oder handlungsfähige Regierungen. Eine radikale Inflation enteignete die Sparer. Ab 1929 folgte die Weltwirtschaftskrise, brachte Millionen von Menschen um ihre Arbeitsplätze und besonders junge Menschen um all ihre Zukunftsaussichten.

Der Wunderheiler hieß Adolf Hitler. Unter der Bedingung, dass man ihm die unumschränkte Macht übergab, leistete er ein doppeltes Versprechen. Erstens sollte es für jeden wieder Arbeit und Brot geben, zweitens das Deutsche Reich in alter oder in neuer, noch vermehrter Herrlichkeit auferstehen. Die Machtübergabe erfolgte am 30. Januar 1933, und wie durch Zauberhand schien sich alles zu ändern. 1938, nur fünf Jahre später, war aus der Massenarbeitslosigkeit die Vollbeschäftigung und aus dem Deutschen das Großdeutsche Reich geworden. Mit dem Anschluss Österreichs und des von der Tschechoslowakei abgetrennten Sudentenlandes* kehrten zehn Millionen Deutsche «heim ins Reich». Und dank seiner Aufrüstung stellte

* Sternchen im Text verweisen auf die Anmerkungen ab S. 173

sich dieses Reich als der mit Abstand stärkste Staat in Europa dar.

Wer eigentlich mochte da noch abseits bleiben? Wer nicht in den Jubel einstimmen: «Führer befiehl, wir folgen»? Und wer ahnte denn, wer mochte sich vorstellen, dass die Wunderheilung in Wahrheit nur ein Vorspiel der Katastrophe war, Vorbereitung für den Sturz in den Krieg, die Massenvernichtung, in die deutsche Selbstzerstörung? «Nein, das haben wir weder gewusst noch gewollt», haben nachher nicht nur die aktiv Beteiligten, sondern die Millionen von Mitläufern und Mitjublern beteuert.*

Aber darf man das glauben? Dass das nationalsozialistische «Dritte Reich» nicht aufs Recht gegründet war, dass von Anfang an die Gewalt triumphierte, lässt sich schwerlich bestreiten. Gleich nach der «Machtergreifung» erklärte der nach Hitler mächtigste Mann, Hermann Göring*, inzwischen als preußischer Innenminister und Herr der Polizei, in einer öffentlichen Rede, von Beifall umtost: «Volksgenossen, meine Maßnahmen werden nicht angekränkelt sein durch irgendwelche juristischen Bedenken. Meine Maßnahmen werden nicht angekränkelt sein durch irgendwelche Bürokratie. Hier habe ich keine Gerechtigkeit zu üben, hier habe ich nur zu vernichten und auszurotten, weiter nichts … Solch einen Kampf führe ich nicht mit polizeilichen Mitteln. Das mag ein bürgerlicher Staat getan haben. Gewiss, ich werde die staatlichen und polizeilichen Machtmittel bis zum Äußersten auch dazu benutzen, meine Herren Kommunisten, damit Sie hier nicht falsche Schlüsse ziehen, aber der Todeskampf, mit dem ich euch die Faust in den Nacken setze, führe ich mit denen da unten, das sind die Braunhemden.»

Damit waren die Bürgerkriegsverbände der SA gemeint, die sich bisher mit den Kommunisten oder Sozialdemokraten Straßenkämpfe geliefert hatten. Jetzt waren sie die Herren der Straße und wurden zu «Hilfspolizisten» ernannt. Jetzt übten sie

Rache, verhafteten nach Belieben und richteten «wilde» Konzentrationslager ein; in ihren «Heldenkellern» wurde geschlagen und gefoltert, manchmal getötet. Etwas später folgte in Dachau bei München die Einrichtung des ersten «ordentlichen» Konzentrationslagers durch die SS, als Ausgangspunkt für ein immer weiter auszweigendes Lagersystem, in dem es für die Insassen keinerlei Recht mehr gab, sondern einzig das Ausgeliefertsein an die Gewalt und den Tod.* Auch diese Entwicklung der Konzentrationslager vollzog sich keineswegs im Geheimen; um abschreckend zu wirken, sollte im Gegenteil jeder wissen, dass es sie gab. Damals lief in Bayern der Spruch um: «Lieber Gott, mach mich stumm, dass ich nicht nach Dachau kumm.»

So könnte man fortfahren. Am 10. Mai 1933 loderten in allen Universitätsstädten Scheiterhaufen zu Bücherverbrennungen, als Signal für die Vertreibung oder Vernichtung des kritischen Geistes.* Im Sommer 1934 schloss sich die so genannte Röhmaffäre an. Da wurde mit dem «Führer» vorweg ganz offiziell, von Staats wegen, gemordet.* Zu den Opfern gehörte neben vielen anderen Hitlers Amtsvorgänger als Reichskanzler, der General Kurt von Schleicher. Nein also: Darauf, von der Herrschaft der Willkür und Gewalt nichts gewusst zu haben, darf sich wirklich niemand herausreden. Dabei haben wir die Verfolgung der Juden noch gar nicht erwähnt: Dass sie – wie auch immer – «entfernt» werden sollten und dass ein Eroberungskrieg auf dem Programm stand, um den Deutschen auf Kosten ihrer Nachbarn den «Lebensraum» zu verschaffen, den sie angeblich brauchten, hätte ohnehin jeder in Hitlers Buch «Mein Kampf» lesen können, das in Massen unters Volk gebracht wurde.

Im Rückblick fragen wir uns unwillkürlich: Wie konnte man über das alles hinwegsehen? Gab es unter unseren Vorfahren denn durchweg nur Trottel oder Kriminelle? Nein, durchaus nicht. Die meisten Deutschen führten nach 1933 ein völlig normales Leben. Sie waren dankbar dafür, dass endlich wieder Ruhe und Ordnung herrschten. Die Kinder gingen zur Schule und die jungen Leute verliebten sich; man heiratete, tat seine Arbeit, feierte miteinander Feste oder zankte, wie es immer gewesen war.

Man muss das betonen, weil historische Darstellungen den Blick beinahe zwangsläufig aufs Besondere und Unerhörte, die Gewalt, die Verbrechen richten. Aber im eigenen Alltag spürte man davon sehr wenig. Den Hauptteil der Zeit verbrachte man eben nicht in der Uniform, sondern in ziviler Kleidung und Umgebung, weder bei Aufmärschen und Paraden noch mit «Heil!»-Rufen nach dem Anhören von Hitlerreden, sondern in Fabrik und Büro, auf dem Acker oder in den eigenen vier Wänden, in der Badeanstalt, am Biertisch, im Bett.

Selbst ins Kino ging man nur ausnahmsweise, um politische Propaganda zu sehen; die Masse der Filme, die in den dreißiger Jahren entstanden, handelten wie eh und je von Abenteuern und von der Liebe. Weit und breit sieht man in ihnen keine Hakenkreuzfahne, kein Parteiabzeichen und keine Uniformen, sondern eine vollkommen zivile Bürgergesellschaft, und darum können diese Filme noch heute im Fernsehen gezeigt werden. Wer sie anschaut, gewinnt den Eindruck, dass es ein «Drittes Reich» niemals gegeben hat.

Im Grunde muss man sogar sagen, dass die Deutschen ein unpolitisches Leben führten wie selten zuvor oder seither. Alle Last der Verantwortung war ihnen abgenommen und auf den «Führer» übertragen. Auch dafür waren sie dankbar. Gewiss, manchmal schimpfte man im kleinen Kreis und ärgerte sich über den verfetteten und unfähigen Ortsgruppenleiter der Partei, dessen Frau jetzt so anmaßend auftrat – und seufzte: «Wenn das der Führer wüsste!» Doch in dieser Formel zeigte sich etwas Charakteristisches: Man vertraute dem Wundermann, der

Ruhe und Ordnung garantierte, und man sonnte sich im Glanz der deutschen Macht, die er beinahe aus dem Nichts neu erschuf. Die Kritik reichte an ihn nicht heran.

Natürlich gab es Menschen, die die Zerstörung des Rechts entsetzte und die eine Ahnung vom kommenden Unheil überfiel. Es gab einen deutschen Widerstand gegen die Gewaltherrschaft. Aber die vorangegangene Skizze sollte anschaulich machen, wie schwer es dieser Widerstand hatte und wie einsam diejenigen waren, die ihn versuchten.

Umso wichtiger ist es zunächst, falsche Vorstellungen zu verabschieden. Heute ist es ja leicht, zum Widerstand aufzurufen, ob beim Bau einer Straße, dem Transport atomarer Abfälle nach Gorleben oder aus welchem Anlass auch immer. Ganz alltäglich wird demonstriert, ständig bilden sich Bürgerbewegungen, die etwas verhindern wollen. Besonderen Mut muss man dabei nicht aufbringen, und selbst zu Auseinandersetzungen mit der Polizei gehört ein geringes Risiko. Manchmal mag Courage nötig sein, um gegen den Fremdenhass aufzutreten. Doch wer es tut, befindet sich jedenfalls im weiteren Zusammenhang auf der sicheren Seite; er weiß schon vorweg, dass er vom Bundespräsidenten über die Parlamente und Parteien bis zu den Massenmedien Beifall findet.

Mit dem Widerstand im «Dritten Reich» lässt sich das alles nicht einmal von ferne vergleichen. Wer sich auch nur abfällig äußerte oder später, im Krieg, einen «Feindsender» abhörte und aussprach, dass er am «Endsieg» zweifelte, musste mit dem Schlimmsten rechnen, mit Verhaftung, Verhör, Folter, Überweisung ins Konzentrationslager, wenn nicht gar mit der Hinrichtung. Und niemand konnte sich in Sicherheit wiegen: Wer «zersetzend» daherredete, wurde vielleicht von seinem Arbeitskollegen und Hausnachbarn angezeigt und geriet dann ins Mahlwerk der Verfolgung. In der Spätzeit des «Dritten Reiches» hat der Berliner Volksmund auf den Punkt gebracht, worauf es ankam: «Eh det ick mir die Rübe abhacken lasse, globe ick an den Sieg.»

Darum bedeutete es schon viel, wenn jemand sich hartnäckig abseits hielt, nicht der Partei oder sonst einer nationalsozialistischen Organisation beitrat, bei Jubelanlässen keine Hakenkreuzfahne hisste und noch immer «Grüß Gott» oder «Guten Tag» statt «Heil Hitler!» sagte. Noch viel mehr bedeutete es natürlich, Nachrichten weiterzuleiten oder gar einen Verfolgten für eine Nacht, ein paar Tage zu verstecken und nach Mitteln und Wegen zu suchen, um ihm zur Flucht zu verhelfen. Wer von diesem Widerstandsalltag ganz gewöhnlicher Bürger in all seinen Schattierungen, Brechungen und Übergängen zur Anpassung etwas erfahren will, lese den Roman «Das siebte Kreuz» von Anna Seghers.

Die Chancen zum Widerstand wuchsen in dem Maße, in dem der Einzelne Rückhalt in einem noch fest gefügten Milieu fand. Das galt etwa in Industriestädten für die Wohnbezirke der Arbeiter, in denen es bis 1933 selbstverständlich war, dass man als Gewerkschaftsmitglied, Sozialdemokrat oder Kommunist zu den Genossen gehörte. Freilich ist es der Geheimen Staatspolizei – kurz Gestapo – immer wieder gelungen, Spitzel in die Widerstandsgruppen einzuschleusen und dann die Mitglieder zu verhaften, sodass außer schweren Opfern wenig erreicht wurde. Im Krieg allerdings, als sich im Bombenhagel die Industrieeviere mehr und mehr in Ruinenlandschaften verwandelten, entstanden neue Widerstandsformen junger Arbeiter, die sich Edelweißpiraten nannten.* In manchen dieser Ruinengebiete war es nach Einbruch der Dunkelheit kaum noch ratsam, sich in Hitlerjugend- oder sonstigen Parteiuniformen sehen zu lassen.

Ein ganz anderes Beispiel für jugendlichen Widerstand lieferten in den Jahren 1942 bis 1943 Studenten an der Universität

München, die sich unter dem Decknamen «Weiße Rose» zusammenfanden und in Flugblattaktionen gegen die Gewaltherrschaft für eine Umkehr und Erneuerung Deutschlands warben. Zu den führenden Mitgliedern gehörten die Geschwister Hans und Sophie Scholl; geistige Anleitung fanden die jungen Leute bei dem Philosophen Kurt Huber. Sie alle wurden nach der Aufdeckung ihrer Tätigkeit vom «Volksgerichtshof» zum Tode verurteilt und hingerichtet.*

Von einem fest gefügten Milieu kann man auch in katholischen Gebieten reden. Um wieder ein Beispiel zu nennen: Im Sommer 1941 hielt der Bischof von Münster, Clemens August Graf von Galen, seine berühmten Predigten gegen die «Vernichtung unwerten Lebens», das heißt die nationalsozialistischen «Euthanasie»-Aktionen zur Massentötung von Geisteskranken. Ihren Höhepunkt erreichten die Predigten am 3. August 1941 mit der Anklage, dass von Staats wegen gemordet werde. Diese Kanzelreden riefen ein gewaltiges Echo hervor; vielhundert- oder -tausendfach abgeschrieben und weitergegeben, gelangten sie in Briefen auch an die Soldaten an der Front – und sogar nach England, von wo sie dann in Rundfunksendungen und Flugblättern zurückkehrten.*

Der für alle Verfolgungsmaßnahmen zuständige «Reichsführer SS» Heinrich Himmler* forderte Galens Verhaftung, und der Leiter der Parteikanzlei Martin Bormann* schlug vor, «dass wir in diesem Falle die einzige Maßnahme ergreifen, die sowohl propagandistisch wie strafrechtlich angemessen ist, nämlich den Bischof von Münster zu erhängen». Der Propagandaminister Dr. Joseph Goebbels* setzte sich jedoch mit der Warnung durch, dass man dann für die Dauer des Krieges das Münsterland, ja ganz Westfalen abschreiben müsse. So schützte das katholische Milieu seinen Oberhirten, und die Machthaber sahen sich gezwungen, ihre Vernichtungsaktionen zumindest in der bisher praktizierten Form abzubrechen. Hitler selbst musste seine Rachegelüste vertagen. Erst nach dem Krieg, erklärte er seinen Vertrauten im Führerhauptquartier, werde mit Galen «auf Heller und Pfennig abgerechnet».

Um die Probleme des Widerstandes gegen die Gewaltherrschaft zu verstehen, sind noch einige Überlegungen wichtig.

Zunächst einmal gab es in Deutschland keine geschichtlichen Vorbilder für das Handeln, das die Situation erforderte. Die Bürgerrevolution des Jahres 1848 war misslungen. Die vom November 1918 glich eher einer Erschöpfungs- und Hungerrevolte, um den aussichtslos gewordenen Krieg zu beenden. Außerdem führte sie zum politischen System der Weimarer Republik, die schmählich gescheitert war und inzwischen nicht nur von den Nationalsozialisten verachtet wurde. Auch für Attentate auf das Staatsoberhaupt fehlten die Vorbilder. Die beiden Anschläge auf Kaiser Wilhelm I. im Jahre 1878 waren das Werk von Wirrköpfen und erregten nichts als Empörung.

Umso fester wurzelten die Gehorsamstraditionen. In der Bibel, im Brief des Apostels Paulus an die Römer, Kapitel 13, steht geschrieben: «Jedermann sei untertan der Obrigkeit, die Gewalt über ihn hat. Denn es ist keine Obrigkeit ohne von Gott; wo aber Obrigkeit ist, ist sie von Gott verordnet. Wer sich nun der Obrigkeit widersetzt, der widerstrebt Gottes Ordnung; die aber widerstreben, werden über sich ein Urteil empfangen.»

Jahrhunderte hindurch war das von allen Kanzeln gepredigt worden und den Menschen sozusagen in Fleisch und Blut übergegangen. Bloß als Beispiel: Im Jahre 1938 war der verantwortliche Chef des Generalstabs, Generaloberst Ludwig Beck, davon überzeugt, dass Hitlers Wille zum Krieg in die Katastrophe führte. Als man Beck aber zum Handeln drängte, sprach er entsetzt von «Meuterei» oder «Revolution» und erklärte: «Diese

Worte gibt es nicht im Lexikon eines deutschen Offiziers.» Doch im Grunde sollte man die Einschränkung auf den Offizier wohl weglassen und von einem deutschen Lexikon sprechen. Statt zu handeln, reichte Beck seinen Rücktritt ein. (Immerhin hat er später, zu spät, doch zum Widerstand gefunden und dafür mit seinem Leben bezahlt; wir werden ihm noch einmal begegnen.)

Weiterhin stellt sich die Frage: Was ließ sich überhaupt noch ausrichten, als die Gewaltherrschaft erst einmal errichtet war und fest im Sattel saß? Wie denn sollte man sie stürzen? Es bedeutete wirklich schon viel, wenn man kritisch blieb, sich abseits hielt und sich nicht vom allgemeinen Jubel betäuben ließ; man riskierte seine Karriere. Es bedeutete noch mehr, wenn man Verfolgten half oder Flugblattaktionen unternahm, wie die jungen Leute von der «Weißen Rose»; man riskierte sein Leben. Aber das Regime war damit nicht zu erschüttern. Viele haben mit dieser Einsicht ihr Gewissen beschwichtigt: Man konnte ja doch nichts tun.

Nur eine höchst bemerkenswerte Ausnahme hat es gegeben: Johann Georg Elser. Er stammte aus einfachen, ja armseligen Verhältnissen und verfügte über keine höhere Bildung. Nicht einmal Zeitungen las er regelmäßig und Bücher schon gar nicht. Aber als schwäbischer Grübler und Tüftler besaß er handwerkliche Fähigkeiten. Ohne Vorbild und Anleitung entwarf er eine perfekte Höllenmaschine und baute sie in wochenlang dauernder Nachtarbeit in den Pfeiler des Münchner Bürgerbräukellers ein, vor dem Hitler zum Gedenken an seinen Putschversuch des Jahres 1923 alljährlich zu den «alten Kämpfern» sprach. Nur ein Zufall verhinderte den Erfolg des Attentats vom 8. November 1939: schlechtes Wetter. Weil Nebel drohte, konnte Hitlers Maschine zum Rückflug nach Berlin nicht starten, und bei der Eisenbahn herrschte noch Ordnung: Der Sonderwagen des «Führers» musste an den fahrplanmäßigen Nachtschnellzug angehängt werden, der sich auf keinen Fall verspäten sollte und um 21.31 Uhr vom Münchner Hauptbahnhof abfuhr. So redete Hitler kürzer als sonst und verließ ohne das anschließende, eigentlich übliche Beisammensein um 21.12 Uhr eilig den Schauplatz, an dem die Bombe nur Minuten später, um 21.20 Uhr, explodierte und sogar in dem inzwischen schon halb geleerten Saal ein Blutbad anrichtete. Hitler erfuhr erst bei einem Zwischenaufenthalt in Nürnberg davon, wie knapp er dem Tod entkommen war, und sagte: «Dass ich den Bürgerbräukeller früher als sonst verlassen habe, ist eine Bestätigung, dass die Vorsehung mich mein Ziel erreichen lassen will.»

Eher zufällig wurde Elser bei dem Versuch verhaftet, sich in die Schweiz abzusetzen, und zunächst mochte niemand glau-

Der zerstörte Bürgerbräukeller nach dem Bombenanschlag vom 8. November 1939.

Der Attentäter Georg Elser.

ben, dass es sich um die Tat eines Einzelgängers gehandelt hatte. Bei seinem Verhör erklärte der Attentäter: «Ich war bereits voriges Jahr um diese Zeit der Überzeugung, dass es bei dem Münchener Abkommen [vom 29. September 1938] nicht bleibt, dass Deutschland anderen Ländern gegenüber weitere Forderungen stellen und sich andere Länder einverleiben wird und dass deshalb ein Krieg unvermeidlich ist.» Das erwies sich als wahr; offenbar reicht schlichte Einsicht manchmal weiter als die Klugheit von Staatsmännern wie dem britischen Premierminister Neville Chamberlain, der glaubte, Hitler durch sein Nachgeben zähmen und den Frieden retten zu können.

Elser erklärte weiter: «Wenn ich gefragt werde, ob ich die von mir begangene Tat als Sünde im Sinne der protestantischen Lehre betrachte, so möchte ich sagen: ‹Im tieferen Sinne, nein!› ... Ich wollte ja auch durch meine Tat ein noch größeres Blutvergießen verhindern.» Zwar hatte der Zweite Weltkrieg schon begonnen, aber aller Wahrscheinlichkeit nach wäre er anders verlaufen und Millionen von Menschen hätten ihr Leben nicht verlieren müssen, wenn Elsers Anschlag gelungen wäre.

Übrigens hat es sehr lange gedauert, bis Elser halbwegs angemessen gewürdigt worden ist.* Womöglich hat das damit zu tun, dass er uns beschämt, weil er durch seine Tat widerlegt, dass man «doch nichts tun kann». Wenn man hiervon allerdings absieht, dann gab es tatsächlich nur noch ein Machtmittel, das Hitler in den Arm fallen konnte: die Armee. Und vom militärischen Widerstand wird dieses Buch erzählen.

Schließlich, aber nicht zuletzt ist zu bedenken, dass der deutsche Widerstand sich immer in einem abgründigen Zwiespalt befand. In den Friedensjahren vor 1939, als der Wundermann Hitler von Erfolg zu Erfolg schritt und die Massen ihm zujubelten, hätte jeder, der ihm den Weg verlegte, Empörung und Hass auf sich gezogen. Im Krieg aber stellte sich die Frage, ob man den obersten Befehlshaber, dem man die Treue geschworen hatte, beseitigen durfte. Wenn man Hitler jedoch tötete, als die Niederlage sich bereits abzeichnete, wäre mit ihren Folgen nicht er, sondern die Verschwörung gegen ihn belastet worden. General Henning von Tresckow, für Jahre Herz, Hirn und Hand des militärischen Widerstandes, hat im Dezember 1941 einem Mitverschworenen das Dilemma so bitter wie genau beschrieben:

«Ich wünschte, ich könnte dem deutschen Volk einen Film vorführen: Deutschland bei Kriegsende. Dann würde vielleicht das Volk voller Schrecken erkennen, auf was wir lossteuern. Dann würde das Volk ganz sicher meiner Ansicht sein, dass der oberste Kriegsherr eher heute als morgen abgelöst werden und verschwinden müsste. Da wir aber diesen Film nicht vorführen können, wird das deutsche Volk, wenn wir Hitler beseitigen, totensicher eine Dolchstoßlegende schaffen. Und wenn wir noch so milde Friedensbedingungen aushandelten – immer würde es heißen: Wenn ihr den geliebten Führer nicht in dem entscheidenden Augenblick kurz vor dem Endsieg umgebracht hättet, wäre es niemals zu solchen Bedingungen gekommen.»[*]

Zum Vergleich: In Polen, in Frankreich und anderen Ländern Europas mochte es auch Mut und Opferbereitschaft erfordern, sich dem Widerstand gegen die deutsche Besatzung anzuschließen. Aber solch einen Zwiespalt hat es dort niemals gegeben. Man kämpfte für die Befreiung des Vaterlandes, und man konnte sicher sein, dass dieser Kampf in der Zukunft nicht verfemt, sondern gefeiert und verklärt werden würde. In Deutschland dagegen mussten die Männer und Frauen des Widerstandes sich darauf einstellen, als Verräter zu gelten – obwohl sie nur eines im Sinn hatten: die Rettung Deutschlands.

Zu denen, die Deutschland retten wollten, gehörte ein junger Offizier: Claus Schenk Graf von Stauffenberg. In den Jahren 1943 und 1944 rückte er in den Mittelpunkt des militärischen Widerstandes. Er zündete eine Bombe in Hitlers Hauptquartier und versuchte den Staatsstreich. Von ihm soll nun erzählt werden.*

Zusammenklang von Freiheit und Form

Die Jugend eines Attentäters

Schenk von Stauffenberg: Der Name klingt wie aus einer fernen Sage von mittelalterlicher Kaiserherrlichkeit. Lange genug, über viele Jahrhunderte hinweg, verbanden sich die Vorstellungen und Träume von dieser Herrlichkeit besonders mit dem Staufer-Kaiser Friedrich Barbarossa, und am Anfang des 19. Jahrhunderts hat Friedrich Rückert der Sage von dem nur schlafenden Barbarossa volkstümlichen Ausdruck verliehen:

«Der alte Barbarossa,
der Kaiser Friederich,
im unterird'schen Schlosse
hält er verzaubert sich.

Er ist niemals gestorben;
er lebt darin noch jetzt;
er hat im Schloss verborgen
zum Schlaf sich hingesetzt.

Er hat hinabgenommen
des Reiches Herrlichkeit
und wird einst wiederkommen
mit ihr, zu seiner Zeit.»*

Die Familiengeschichte der Schenken von Stauffenberg reicht nicht ganz bis in die Zeit Barbarossas, aber ins 13. Jahrhundert zurück. Allerdings sieht sie zunächst etwas bescheidener aus. Die «Schenken» waren dafür zuständig, dass ihre Lehnsherren – in diesem Falle die schwäbischen Grafen Zollern – mit Wein versorgt wurden. Immerhin handelte es sich um ein Amt für Edelleute. (Auch die weit entfernten slawischen Krockows versahen dieses Amt bei den Herzögen von Pommern und führen bis heute ein geflügeltes Trinkhorn im Wappen.) «Schenk» bildete daher den Hauptnamen, während der Beiname mit dem Ortssitz wechselte; erst seit dem Ende des 15. Jahrhunderts haftet «Stauffenberg» als fester und schließlich wichtigster Bestandteil. Ein Zweig der Familie wurde 1698 vom Kaiser Leopold I. in den Freiherrnstand, ein anderer 1791 durch Kaiser Leopold II. in den Grafenstand erhoben. Der freiherrlichen Linie, aus der Claus Stauffenberg stammte, verlieh König Ludwig II. von Bayern im Jahre 1874 die Grafenwürde.*

Claus' Vater, Alfred Graf Stauffenberg, war Offizier und Hofbeamter; im Jahre 1908 übernahm er das Amt eines Oberhofmarschalls beim König von Württemberg. Der, Wilhelm II., hatte wenig gemein mit seinem kaiserlichen Namensvetter in Berlin, der stets so schneidig auftrat und noch schneidiger daherredete. Er war ein schlichter und volkstümlicher Mann, ein Zivilist weit mehr als ein ordensklirrender Uniformträger, der sich als Spaziergänger wie selbstverständlich unter die Bürger von Stuttgart mischte und jeden grüßte, der ihn grüßte. Zu seinem 25. Regierungsjubiläum schrieb sogar die «Schwäbische Tagwacht», das «Organ der Sozialdemokraten Württembergs»: «Das Verhältnis zwischen König und Volk ist in Württemberg ein ungetrübtes … Nehmen wir alles in allem, so will es uns scheinen, dass unter den gegebenen Verhältnissen gar nichts geändert würde, wenn morgen in Württemberg an die Stelle der Monarchie die Republik treten würde. Kein zweiter Anwärter würde, wenn alle Bürger und Bürgerinnen des Staates zu entscheiden hätten, mehr Aussicht haben, an die Spitze des Staates gestellt zu werden, als der jetzige König.» Aber um einen richtigen König handelte es sich eben doch, und je schlichter er auftrat, desto größer war der Respekt, mit dem man ihm begegnete.

1904 hatte Graf Alfred die Gräfin Caroline von Üxküll-Gyllenband geheiratet. 1905 wurden die Zwillingsbrüder Berthold und Alexander geboren. Am 15. November 1907 folgten wiederum Zwillinge: Claus Philipp und Konrad Maria. Konrad starb jedoch schon einen Tag später, und auch Claus blieb ein zartes, oft kränkelndes Kind.

Der kleine Claus zwischen den älteren Zwillingsbrüdern Alexander und Berthold.

Die Buben, pausbäckig und mit schulterlangem Haar, sahen aus wie von Raffael gemalt, und sie wuchsen unter beinahe märchenhaften Verhältnissen im alten Königsschloss auf, übrigens als nahe Nachbarn einer anderen inzwischen berühmten Familie. Denn Carl von Weizsäcker, Großvater des Bundespräsidenten Richard von Weizsäcker, war von 1906 bis 1918 württembergischer Ministerpräsident und wohnte gleich nebenan.

Ein Königsschloss, die einstige Burg der Grafen und Herzöge von Württemberg: «Hier auf den weiten Galerien, auf der großen Reittreppe, in geheimnisvollen Winkeln und Gemächern trieben sie [die Stauffenbergbuben] ihre Räuber- und Kriegsspiele, durchfuhren die Korridore mit ihrem Holländer und machten mit ihrem Treiben auch vor dem Salon der Gräfin nicht Halt; hier hat der sechsjährige Claus dem unbeweglich vor der Wohnung postierten Lakaien die Frackschöße mit einer großen Schere abgeschnitten.» So jedenfalls nach dem Bericht von Theodor Pfizer, einem Schulfreund der Zwillinge.*

Übrigens verfügte auch der Vater Stauffenberg über ein eigenes Schloss: Lautlingen bei Ebingen am Fuße der Schwäbischen Alb, natürlich bei weitem nicht so imponierend und geheimnisvoll weitläufig wie das des Königs in Stuttgart. Aber ein Schloss immerhin; da verbrachte die Familie dann die Ferien in ländlicher Umgebung. Der Bruder des Vaters, Graf Berthold Stauffenberg, verwaltete von Schloss Greifenstein bei Bamberg aus einen noch weitaus größeren Besitz. Von der Armseligkeit, in der die meisten Deutschen am Anfang des 20. Jahrhunderts ihr Leben verbrachten – und gegen die die Sozialdemokraten ihren Kreuzzug des Klassenkampfes führten –, war der junge Claus also um Welten entfernt.

Von einer strengen Erziehung kann man schwerlich sprechen. Der Vater neigte zwar zum Jähzorn, und die Söhne hüteten sich, ihn herauszufordern. Aber meist war er in seinem Amt beschäftigt. Die Mutter, im Übrigen Hofdame und Vertraute der Königin, war eine hoch gebildete und Musik liebende, doch wenig lebenspraktische Frau. Ihre seltenen Versuche, streng zu sein, endeten meist so, wie sie selbst es beschrieben hat: «Wenn ich eines der Kinder zanke und er dann traurig ist, dann sind die andern so verzweifelt und bitten immer so flehentlich: ‹Duli, tröst' ihn, tröst' ihn›, und Clausi wirft sich mir schluchzend um den Hals, um für seinen Bruder zu bitten, dass die ganze Pädagogik flöten geht und ich nur sehen muss, wie ich sie alle wieder beruhige.»* («Duli», abgekürzt für «Du Liebe», war der Name der Kinder für die Mutter.) Nebenher wirft dieses Eingeständnis ein Licht auf das Verhältnis der Brüder; besonders Berthold und Claus blieben lebenslang eng verbunden.

Ein Schlaglicht wirft auch, was die bei einem längeren Landaufenthalt engagierte Privatlehrerin, Elisabeth Dipper, über ihre Zöglinge notierte: «Zu bestimmten Zeiten dürfen sie alles tun, sich balgen und schreien und toben, wie ich's noch selten gehört habe; sie sind nämlich alle drei Kraftmenschen, man muss nur erst ihre Stimmen hören, sie können fabelhaft schreien. Aber dass sie beim Essen nicht tadellos ruhig und gerade sitzen oder sonst einmal nicht sofort folgen, das gibt's einfach nicht. Der Einzige, der manchmal geschwind eine Ohrfeige fängt, ist Berthold.»*

Eine Spielart von Erziehung damit doch, die wir uns heute kaum noch vorstellen können: Auf tadellose Umgangsformen wird Wert gelegt, und sie werden so streng wie selbstverständlich beachtet. Man lernt, wie man sich angemessen verbeugt (nämlich in der Hauptsache mit dem Kopf und kaum mit dem Körper) oder wie man einer Dame die Hand küsst (nämlich mit dem sanften Emporheben ihrer Hand und dem nur angedeuteten Kuss). Und dass man bei Tisch oder sonst im Umgang mit den Erwachsenen laut und vorlaut daherschwatzt oder gar widerspricht, statt zuzuhören: Nein, das gibt's wirklich nicht. Der Zusammenklang von Freiheit und Formstrenge darf als charakteristisch gelten; man findet ihn ganz ähnlich auch in anderen Adelsfamilien, in Ostpreußen nicht anders als in Württemberg.*

Nach privater Vorbereitung bezogen Berthold und Alexander die Vorklasse des Stuttgarter Eberhard-Ludwig-Gymnasiums; Claus folgte im Herbst 1916. Nicht nur nebenher widmeten sich die Brüder der Musik, Berthold und Alexander dem Klavier und der Violine, Claus seit 1917 besonders dem Cello.

Einen zweiten Schwerpunkt bildete das Lesen. Claus war ja von seiner Geburt an alles andere als ein robustes Kind – sofern man von seiner Stimmkraft einmal absieht –, vielmehr sehr zart und oft krank; nicht selten musste er für Wochen das Zimmer oder das Bett hüten. Da blieb dann statt des Tobens nur, sich in die Berichte von Heldentaten zu versenken, etwa in die «Schönsten Sagen des klassischen Altertums», von dem Landsmann Gustav Schwab «jugendgerecht» aufbereitet, das heißt von anstößigen Passagen befreit.* Schon in dem Jungen ist darum die Doppelnatur angelegt, die den Mann kennzeichnet: Einerseits erscheint er als ein Tatmensch, aber nicht verschlossen, sondern zur Geselligkeit, zum Erzählen, zum Lachen begabt: jemand, der überall gern gesehen ist und seine Umgebung verzaubert. Andererseits verbirgt sich in ihm der Grübler und Träumer, der das, was ihm als wichtig erscheint, in Gedichten findet und ausdrückt: jemand, der weit fort ist und ganz für sich steht.

Der Kriegsbeginn 1914 begeisterte die Brüder – und ließ Claus beinahe verzweifeln. Er schluchzte: In zehn Jahren, wenn die Brüder groß genug waren, um als Soldaten ins Feld zu ziehen, würde er immer noch zu klein sein … Das war eine Stimmung, die damals nicht nur die Stauffenbergs, sondern überall in Deutschland und in Europa die Buben und jungen Leute ergriff.

Der Familienbesitz Schloss Lautlingen bei Ebingen, am Fuß der
Schwäbischen Alb.

Aber der Jubel verhallte in den Schrecken und Entbehrun-
gen des Kriegsalltags, und am Ende stand die Niederlage, die
Revolution, genauer gesagt die Hunger- und Erschöpfungs-
revolte vom Herbst 1918, die sogar auf Württemberg übergriff.
Am 6. November trat der noch 1916 zum Freiherrn beförderte
Ministerpräsident Carl von Weizsäcker zurück. Am 9. November
sank auf dem Schloss die Königsstandarte, und die rote Fahne
wurde gehisst. Am Abend verließ Wilhelm II. Stuttgart, von seinem Oberhofmarschall begleitet; nach dem Urteil eines Zeit-
zeugen war Stauffenberg «der Einzige, der in den traurigen No-
vembertagen 1918 nicht den Kopf verlor, wie alle anderen». Im
Auftrag des Königs verhandelte er mit der neuen Landesregie-

rung über die Regelung der Besitzverhältnisse. Am 29. November wurde dazu ein Staatsvertrag abgeschlossen, und am Tag darauf legte Wilhelm II. die Krone nieder.*

Der elfjährige Claus Stauffenberg war untröstlich. Am 15. November kämpfte er immerfort mit den Tränen und sagte: «Einen so traurigen Geburtstag habe ich noch nie gehabt.» Und schon vorher gab er sozusagen zu Protokoll: «Mein Deutschland kann nicht untergehen – und wenn es jetzt auch sinkt – es muss sich wieder stark und groß erheben – es gibt ja noch einen Gott.» Im Übrigen nahm er es dem König sehr übel, dass der kampflos abdankte, statt mit dem Degen in der Hand auf den Stufen seines Thrones zu fallen. (Wilhelm II. war ein alter Herr von 70 Jahren.)*

Aber das Leben ging weiter. Bis zu seiner Pensionierung im Jahre 1928 amtierte Alfred Graf Stauffenberg als Beauftragter des Königs und seiner Erben. Die Familie wohnte nun im Hause der Herzoglichen Rentkammer in der Jägerstraße 18, nahe am Stuttgarter Hauptbahnhof mit dem Ausblick auf Weinberge. Die Zwillinge Berthold und Alexander beendeten im Frühjahr 1923 ihre Schulzeit mit dem Abitur und verließen Stuttgart, um zunächst in Heidelberg zu studieren.

Claus kränkelte noch immer oder jetzt erst recht, litt an Kopfschmerzen; zu allem Überfluss schoss er viel zu rasch zu der damals noch ungewöhnlichen Größe von 1,85 Meter auf. (Nach anderen, späteren Angaben handelte es sich «nur» um 1,82 Meter, doch auch das lag weit über dem Durchschnitt.) Oft versäumte er den Schulunterricht und blieb ihm seit dem September 1924 völlig fern. Sein Abitur bestand er schließlich, zur Prüfung als außerordentlicher Teilnehmer zugelassen, am 5. März 1926 mit einem zwar guten, aber keineswegs glänzenden Abschlusszeugnis.

«Das geheime Deutschland»

Im Bann von Stefan George

Der Reichsgründer Otto von Bismarck hat einmal geschrieben:
«Die deutsche Vaterlandsliebe bedarf eines Fürsten, auf den
sich ihre Anhänglichkeit konzentriert. Wenn man den Zustand
fingierte [unterstellte], dass sämtliche deutsche Dynastien
plötzlich beseitigt wären, so wäre wenig wahrscheinlich, dass
das deutsche Nationalgefühl alle Deutschen … völkerrechtlich
zusammenhalten würde … Die Deutschen würden fester ge-
schmiedeten Nationen zur Beute fallen, wenn ihnen das Binde-
mittel verloren ginge, welches in dem gemeinsamen Standes-
gefühl der Fürsten liegt.»*

Die Probe kam im Herbst 1918. Mit dem Kaiser und König
von Preußen vorweg verschwanden alle deutschen Fürsten im
Novembernebel. Keiner riskierte das Leben für die Verteidigung
seines Throns; keiner versuchte auch nur, Widerstand zu leisten. Und jedenfalls vordergründig zeigte sich Bismarcks Vorher-
sage gleich doppelt als falsch: Dieses Verschwinden ihrer Fürsten brachte die Deutschen kaum aus der Fassung, und die Nation fiel darüber nicht auseinander.

Aber womöglich blieb Bismarck auf eine andere und abgründige Weise dennoch im Recht: Die Deutschen waren nicht
darauf vorbereitet, ohne Obrigkeit, ohne Fürsten oder Führer zu
sein und ihre Geschicke unter den demokratischen Vorzeichen
von Freiheit und Gleichheit selbst in die Hand zu nehmen. Viele
und im Verlauf der Jahre immer mehr von ihnen empfanden das

parlamentarische «System» der Weimarer Republik als wesensfremd und «undeutsch», wenn nicht gar als Verrat, und sehnten sich zurück oder voraus nach der starken Hand, die ihnen die politische Verantwortung wieder abnahm. Sozusagen in Abwandlung des Bismarckwortes erwies sich als wahr, was Thomas Mann im Ersten Weltkrieg zu Papier brachte: «Ich bekenne mich tief überzeugt, dass das deutsche Volk die politische Demokratie niemals wird lieben können aus dem einfachen Grunde, weil es die Politik selbst nicht lieben kann, und dass der viel verschriene ‹Obrigkeitsstaat› die dem deutschen Volk angemessene, zukömmliche und von ihm im Grunde gewollte Staatsform ist und bleibt ... Der Unterschied von Geist und Politik enthält den von Kultur und Zivilisation, von Seele und Gesellschaft, von Freiheit und Stimmrecht, von Kunst und Literatur; und Deutschtum, das ist Kultur, Seele, Freiheit, Kunst und nicht Zivilisation, Gesellschaft, Stimmrecht, Literatur.»*

Für die Leute von uraltem Adel und damit für die Stauffenbergs stellte sich der 9. November 1918 erst recht als Unheil und Untergang dar, für die Söhne, die ihre Zukunft vor sich hatten, vielleicht noch mehr als für den Vater, der von Tag zu Tag alle Hände voll zu tun bekam, um für den abgedankten König zu retten, was zu retten war, und dessen Protest gegen die neuen Zustände sich eher in Äußerlichkeiten erschöpfte, etwa im Schimpfen auf das «Lumpenpack», das jetzt regiere und mit dem kein anständiger Mensch umgehen könne, oder darin, dass er das ehemals königliche Hoftheater nie mehr betrat.

So lange sich denken ließ, Jahrhunderte hindurch, hatten die Stauffenbergs als Lehnsleute einem Lehnsherren gedient, gleich ob den Grafen von Zollern, den Fürstbischöfen von Bamberg, den Kurfürsten und Königen von Bayern oder den Herzögen und Königen von Württemberg. Treue um Treue hieß die von Generation zu Generation stets erneuerte Grundformel –

und diese Treue war nun vom Lehnsherrn durch sein ruhmloses Abtreten schmählich gebrochen worden. Dieser Stachel saß so tief, dass Stauffenberg und seine Freunde später bei all ihren Planungen für die Zukunft niemals mehr ernsthaft an eine Wiederherstellung der Monarchie gedacht haben.

Aber wie sollte die Zukunft aussehen? Welche Verpflichtungen, welche Aufgaben gab es jetzt noch für den Adel? Wem sollte man dienen? Das war die brennende und vorläufig vollkommen offene Frage. Von ihr muss man ausgehen, wenn man das Folgende deuten will.

Alexander und Berthold Stauffenberg gewannen Kontakt zu dem Dichterkreis um Stefan George, und Berthold führte auch den noch halbwüchsigen Claus in diesen Kreis ein. Diese Begegnung mit einem, mit diesem Dichter hat die Brüder geprägt.

George wurde 1868 geboren und starb 1933. Heute wissen wir fast nichts mehr von ihm oder kennen, wenn es hoch kommt, allenfalls noch den Namen; seine Gedichte sprechen kaum mehr zu uns. Aus ihrer eigenwilligen Schreibweise und strengen Stilisierung scheint alles Leben entwichen zu sein; sie wirken wie Marmor. Kälte und ein kaum noch verständliches Raunen wie aus Grüften der Vorzeit weht uns an. Das gilt besonders für die späteren Werke, die «Der siebente Ring» (1907), «Der Stern des Bundes» (1914) und «Das neue Reich» (1928) versammeln. Doch einst schlugen gerade die dunkel prophetischen Klänge viele und besonders junge Menschen in ihren Bann. Als Jünger scharten sie sich um den «Meister» und ließen sich hinreißen von seinen Visionen eines neuen und erregenden Lebens. Es sollte hinausführen über die dürftige Gegenwart, in eine leuchtende Zukunft hinein. Und über die würde man selbst bestimmen, in ihr einen oberen Platz einnehmen, weil man ihre Geheimnisse schon kannte. «Geheimes Deutschland» heißt nicht zufällig ein Schlüsselgedicht von George, und es sagt an seinem Ende:

«Wer denn · wer von euch brüdern
Zweifelt · schrickt nicht beim mahnwort
Dass was meist ihr emporhebt
Dass was meist heute euch wert dünkt
Faules laub ist im herbstwind
Endes- und todesbereich:

Nur was im schützenden schlaf
wo noch kein taster es spürt
Lang in tiefinnerstem schacht
weihlicher erde noch ruht –
wunder undeutbar für heut
Geschick wird des kommenden tages.»*

Übrigens kommt der Begriff des «geheimen Deutschland» schon bei Hölderlin vor, und George meinte, dass er dessen Nachfolge angetreten habe. Dem Meister nacheifernd hat dann auch Claus Stauffenberg gedichtet:

«So ist in mir zu herrschen dunkles wissen
Und jugend künftig kraft und größe ahnend.

Unglaublich ist was mich bewegt
Unfasslich ist was mich gezeugt.»

Oder auch:

Bewunderung für den Meister: Stefan George mit Claus und Berthold Stauffenberg, 1924.

«Ich wühle gern in alter helden sagen
Und fühle mich verwandt so hehrem tun
Und ruhmgekröntem blute.

Ich könnte nicht die alten zeiten missen
wo wäre denn, dass ich mein leben schaute
Wenn nicht in höchster sein?»*

Nun ja, wovon träumt man nicht, wenn man 17 Jahre alt oder vielmehr jung ist: von Abenteuern natürlich, von der Magie der Macht und vom Anruf der Liebe, vom Aufstieg und womöglich von einem Ruhm, der die Eltern und die Lehrer, die Freunde, die Welt in Erstaunen versetzen soll. Aber von Stefan George muss tatsächlich eine buchstäblich hinreißende Wirkung, eine inzwischen kaum mehr vorstellbare Faszination ausgegangen sein. Noch 1958 hat der überlebende Alexander Stauffenberg sie in einer Gedenkrede beschrieben:

«Wenn ich den Eindruck schildern soll, der von dem Dichter ausging, die Wirkung, die er ausstrahlte und die sich gleich geblieben ist vom ersten bis zum letzten Tag, so kann ich wohl sagen: Nie wieder ist mir menschliche Größe begegnet in einer so unmittelbaren, so beinahe bestürzenden so dichten Weise, und ich würde wohl mit Shakespeare – nach menschlichem Ermessen – sagen können: Wir werden nimmer seinesgleichen sehn.»*

Vielleicht vermittelt das Foto auf der vorherigen Seite einen Eindruck, das den 17-jährigen Claus zusammen mit Berthold bei George zeigt. In Liebe, um nicht zu sagen in Anbetung blickt Claus zu dem Dichter hinüber, der geheimnisvoll und wie unberührbar im Abseits sitzt, ins «Sehen» versunken. In unserer Zeit finden wir jedenfalls hierzulande nichts dieser Art, von problematischen Sektengründern einmal abgesehen.*

Tatsächlich glich der George-Kreis einem Mönchsorden der Auserwählten, und wie eine Bruderschaft der zum Priestertum Berufenen stellte er sich als ein reiner Männerbund dar. Frauen waren nicht zugelassen, und der «Meister» sah es nicht gern, wenn seine Jünger sich verliebten und heirateten; in einigen Fällen ist es darüber sogar zum Bruch gekommen. Es fehlte auch nicht an bizarren Zügen. Denn was soll man davon halten, dass George von einem 15-jährigen Münchner Jungen, Maximin genannt, der zum Glück seiner Verklärung plötzlich verstarb, allen Ernstes behauptete, dass der ein wieder geborener Gott gewesen sei – und die entsprechende Verehrung inszenierte?

Die Aufnahme in den George-Kreis wurde stets von einem

Bruderkuss besiegelt, man schrieb einander Liebesgedichte, und es liegt nahe, von einer erotisch aufgeladenen, einer schwülen oder gar schwulen Atmosphäre zu sprechen. Die Mutter Stauffenberg jedenfalls sah den Umgang ihrer Söhne mit einiger Sorge und besuchte den Dichter, um sich Aufklärung zu verschaffen. Aber sie kehrte beruhigt zurück: Es ging nicht um Unzucht, sondern um Zucht, darum, dass die jungen Leute sich nicht ablenken ließen, sondern alle ihre Kräfte darauf konzentrierten, ein neues und geistiges, eben das «geheime» Deutschland zu schaffen.

Das alles mag uns sehr fremd vorkommen. Aber wenn wir in die ältere Geschichte zurückblicken, stoßen wir in Europa wie in anderen Kulturen auf die Mönchs- und die Ritterorden, auf die Propheten, die Heiligen, die Religionsstifter, die sich mit den Jüngern, die sie um sich scharten, aus dem gewöhnlichen Leben zurückzogen, um ganz ihrer Aufgabe zu leben. Ähnliches erzählen die Sagen, etwa vom Heiligen Gral. Bis in die Gegenwart ragen das Keuschheitsgelübde der Priester und der Ausschluss der Frauen vom Priesteramt in der katholischen Kirche.

Für Claus Stauffenberg war es selbstverständlich, dass er heiratete und Kinder zeugte. Doch auch ihn umweht eine Fremdheit, die nur schwer zu durchdringen ist und sich nicht preiswert hinwegreden lässt. Gerade wenn wir uns ihm nähern und ihn verstehen wollen, müssen wir voraussetzen, dass er kein gewöhnlicher Mensch war wie du und ich. Von seiner Jugend an und durch die Begegnung mit Stefan George entscheidend verstärkt fühlte er sich zu Großem berufen. Und vielleicht konnte er nur so schließlich das tun, was er getan hat.

Das Auftreten der Stauffenbergbrüder verursachte im George-Kreis die gehörige Aufregung. Kehrte da etwa in erneuerten Jugendgestalten die Stauferherrlichkeit des Mittelalters zurück?

Es passt ins Bild, dass man 1924 im Dom zu Palermo auf den Sarkophag Kaiser Friedrichs II. einen Kranz mit der Inschrift niederlegte: «Seinen Kaisern und Helden – Das geheime Deutschland».

Die Bedeutung des George-Kreises ist von manchen seiner Mitglieder maßlos übertrieben worden. So hat etwa im Jahre 1930 Friedrich Wolters behauptet, dass die deutsche Geistesentwicklung seit 1890 entweder die Geschichte des George-Kreises oder «nacht und nichts» gewesen sei – als hätte es keine Dichter wie Georg Trakl oder Rainer Maria Rilke, keine Schriftsteller wie Hugo von Hofmannsthal oder Thomas Mann, keine Denker wie Max Weber oder Walther Rathenau gegeben. Doch es ging um einen Grundwiderspruch zu den Entwicklungen der modernen Gesellschaft und Zivilisation, auch zu denen einer demokratischen Verfassungsordnung der Freiheit und Gleichheit, und ebendieser Widerspruch fand in der Zeit der Weimarer Republik in Deutschland sein Echo.

George stellte, so Wolters, «was keiner der westlichen Enddichter vermochte, wieder Bild und Recht des herrscherlichen Menschen in die Mitte Europas. – Er … der Erwecker einer männlich-heldischen Jugend …, trieb die Kunst als Macht, wie einst Napoleon die Macht als Kunst.»* Da drängt es sich freilich auf, erst einmal über ein Maulheldentum den Kopf zu schütteln. Aber Wolters wurde von Max Kommerell womöglich noch übertroffen, der unter anderem schrieb: «Keiner der Dichter und Wortführer seiner Zeit hat dem Deutschen ein so ungeheures Anrecht auf Macht, ein solches Gefühl ausschließenden Wertes und Ranges verleihen können [wie Stefan George] … Das Land, auf das der Adler Gottes sich herabließ, kennt kein Recht neben dem seinen, und wer seine Weihe leugnet, ist nicht nur sein, sondern des Gottes Widersacher.»* In diesem Adler-Deutschland sollte nicht mehr der «Pöbel» regieren, sondern eine Elite, wie der Kreis um Stefan George sie verkörperte. Und ebendamit sollte sich ein Anspruch auf die Vorherrschaft in Europa verbinden.

Besonders klar sprachen die «Jahrbücher für die geistige Bewegung», die von 1910 bis 1912 erschienen. In der Einleitung des dritten Jahrbuches hieß es: «Nach weiteren fünfzig Jahren fortgesetzten Fortschritts werden auch die letzten Reste alter Substanzen verschwunden sein, wenn es keine anderen mehr als die mit dem fortschrittlichen Makel zur Welt gekommenen gibt, wenn durch Verkehr, Zeitung, Schule, Fabrik und Kaserne die städtisch fortschrittliche Verseuchung bis in die fernste Weltecke gedrungen und die satanisch verkehrte, die Amerikawelt, die Ameisenwelt sich endgültig eingerichtet hat. Wir glauben, dass es jetzt weniger darauf ankommt, ob ein Geschlecht das andere unterdrückt, eine Klasse die andere niederzwingt, ein Kulturvolk das andere zusammenschlägt, sondern dass ein ganz anderer Kampf hervorgerufen werden muss, der Kampf von Ormuzd gegen Ahriman, von Gott gegen Satan, von Welt gegen Welt.»*

Handelt es sich um Aufrufe zu einem Welt-Bürgerkrieg? Ja, in der Tat. Bis zum Beginn des Ersten Weltkriegs mochten sie als die Phantasien von Wirrköpfen erscheinen. Aber seitdem flammten sie auf, gewannen Gestalt in den «Ideen von 1914», wurden in immer neuen Abwandlungen von Dichtern und Denkern verkündet, in den Schulen und Hochschulen, von den Kanzeln gepredigt: Die deutsche Kultur stand im Abwehrkampf gegen den Ansturm der westlichen Zivilisation, die man als dekadent, verweichlicht, materialistisch und gleichmacherisch empfand. Das bedeutete zugleich: Das Verhältnis der Menschen und ihrer politischen und staatlichen Prinzipien sollte sich nicht auf Freiheit und Gleichheit gründen, wie es einst im Jahre 1789 die Französische Revolution verkündet hatte, sondern auf

Ein- und Unterordnung, Herrschaft und Hierarchie, Befehl und Gehorsam, auf Leistung und Pflichterfüllung im Dienste der Gemeinschaft. Als Maßstab erschien die Opferbereitschaft im Dienste der Gemeinschaft – die Opferbereitschaft bis in den Tod. Um nur zwei Beispiele zu nennen: Der Historiker Georg von Below schrieb voreilig triumphierend: «Die Erlebnisse des Weltkrieges haben den Zusammenbruch der Ideale der Französischen Revolution dargetan. Die Ideen der Freiheit, Gleichheit, Brüderlichkeit sind durch die deutschen Ideen von 1914, Pflicht, Ordnung, Gerechtigkeit überwunden.»* Und der Philosoph Max Wundt verkündete: «Zwischen dem deutschen und dem demokratischen Geist gibt es keine Vermittlung ... Demokratie ist recht eigentlich der Triumph der toten Zahl über die lebendige Form. Dem setzt der deutsche Gedanke die Vernünftigkeit des wirklichen sittlichen Lebens entgegen. Die vernünftige Idee soll herrschen, nicht die Wünsche des Einzelnen. Die Vernunft aber kommt zur klaren Einsicht ihrer selbst nur in der einzelnen Persönlichkeit. Darum soll die Persönlichkeit herrschen, nicht die Vielen.»* Solche Auffassungen warfen im Voraus schon Schatten auf die Weimarer Republik, die als «undeutsch» erschien, weil sie als Demokratie verfasst war.

Um es gleich und ganz unmissverständlich zu sagen: In dieser Auflehnung gegen die moderne, auf Freiheit und Gleichheit angelegte Zivilisationsentwicklung nistete das Unheil, in das die Deutschen gerieten. Aus dem halb heldenhaften, halb irrwitzigen Kampf gegen die westliche Zivilisationsentwicklung stammte die deutsche Krebserkrankung, von der am Anfang die Rede war, die Fieber- und Albtraumatmosphäre der Weimarer Republik, die dem selbst ernannten Wunderheiler zu seiner Chance verhalf. Wer Hitlers Buch «Mein Kampf» liest, stellt fest, dass die Ungleichheit das Herzstück seiner «Weltanschauung» und ihre Durchsetzung den missionarischen Auftrag bildet.

Dazu dient die Rassenlehre: Sie soll erweisen, dass die Ungleichheit bereits in der natürlichen oder göttlichen Schöpfungsordnung angelegt ist, sodass der moderne Gleichheitswahn zum Niedergang führen muss. Denn «die ewige Natur rächt unerbittlich die Übertretung ihrer Gebote». Und «so glaube ich heute im Sinne des allmächtigen Schöpfers zu handeln: Indem ich mich des Juden erwehre, kämpfe ich für das Werk des Herrn».*

Gibt es nun zwischen den Ideen des George-Kreises und dem Wahn Adolf Hitlers Berührungen, wenn nicht gar Übereinstimmungen? Ja, durchaus. Das beginnt schon bei Äußerlichkeiten: Das Hakenkreuz, das zum Wahrzeichen der Hitler-Bewegung und des «Dritten Reiches» geworden ist, tauchte schon vorweg auf, indem es die Veröffentlichungen des George-Kreises gewissermaßen als deren Gütesiegel schmückte. Tiefer reichte der gemeinsame Abscheu vor der Gleichheit oder Gleichmacherei, vorm «seichten sumpf erlogner brüderei», von dem George gesprochen hat.* Diese innere Verwandtschaft ist in nationalsozialistischen Kreisen keineswegs unbeachtet geblieben. Zwar entzog sich George, als nach der «Machtergreifung» der Kultusminister Bernhard Rust ihm durch einen Mittelsmann die Mitgliedschaft in einer neu formierten Dichterakademie antragen ließ, aber er schrieb halb geschmeichelt, halb gewunden:

«Dass diese akademie jetzt unter nationalen zeichen steht, ist nur zu begrüssen und kann vielleicht später zu günstigen ergebnissen führen – ich habe seit fast einem halben jahrhundert deutsche dichtung und deutschen geist verwaltet ohne akademie, ja hätte es eine gegeben, wahrscheinlich gegen sie … die ahnherrschaft der neuen nationalen bewegung leugne ich durchaus nicht ab und schiebe auch meine geistige mitwirkung nicht beiseite. Was ich dafür tun konnte habe ich getan – die jugend die sich heut um mich schart ist mit mir gleicher meinung. das märchen vom abseitsstehn hat mich das ganze leben begleitet – es gilt nur fürs unbewaffnete aug. Die gesetze des geistigen und des politischen sind gewiss sehr verschieden – wo sie sich treffen und geist herabsteigt zum allgemeingut das ist ein äusserst verwickelter vorgang. Ich kann den herrn der regierung nicht in den mund legen was sie über mein werk denken und wie sie seine bedeutung für sie einschätzen. Es läge mir daran … dass dies wortgetreu der betreffenden stelle mitgeteilt werde – es ist durchaus überlegt.»*

Der Unterschied, der eine weitergehende Annäherung ausschloss, lag wohl darin begründet, dass der «Abstieg» vom Geistigen ins Politische ins Primitive und Grobschlächtige führte, das dem empfindsamen Dichter zuwider war. Und wichtiger noch: Die Elite oder die Jüngerschaft, die Stefan George um sich versammelte, sollte ohne Rücksicht auf die Herkunft durch geistige Leistungen begründet werden. Das ergab eine Absicherung zumindest gegen den Rassenwahn; viele Anhänger Georges waren Juden.

Claus Stauffenberg, Bronze-
büste von Frank Mehnert,
1929.

Im Sommer 1933 reiste der Dichter in die Schweiz, und vielfach hat man davon eine Emigration aus dem nationalsozialistischen Deutschland ableiten wollen. Doch das ist keineswegs sicher; George hielt sich regelmäßig für einige Monate des Jahres im Tessin auf. Er starb dort am 4. Dezember 1933. Zu denen, die sein Erbe verwalten sollten, gehörte Berthold – und zu denen, die ihm und damit dem «geheimen Deutschland» die Totenwache hielten, Claus Stauffenberg.

Wenn wir heute auf den George-Kreis und das «geheime Deutschland» zurückblicken, dann bleibt im Grunde nur der Eindruck abgründiger Fremdheit. Denn *wir* sind die Kinder der modernen Zivilisation; wir leben in einer auf Freiheit und Gleichheit gegründeten Gesellschaft und in der zukunftsoffenen demokratischen Ordnung.

Mit umso größerem Erschrecken müssen wir feststellen, dass der abgründige Hass auf die «satanisch verkehrte, die Amerikawelt» noch immer oder bereits wieder aufspringt. In den Terroranschlägen des 11. September 2001 ist er offenbar geworden, und damit ist ein Kampf entbrannt, der die Zivilisation auf Leben und Tod herausfordert.

Was er bedeutet, wird im Erinnern, im geschichtlichen Vergleich sichtbar: Dies hat es schon einmal gegeben, im 20. Jahrhundert und in der Mitte Europas, in Deutschland. Die Vorzeichen und Fahnen mögen verschieden sein, aber in der Tiefe sind die Fronten geblieben, wie sie waren. Die Übereinstimmung reicht weit bis in die Einzelheiten hinein: bis in die Bereitschaft zum Töten, die sich mit der eigenen Todesbereitschaft verbindet. Hitler hat in «Mein Kampf» vom «Idealismus» gesprochen und ihn so gedeutet: «Wir verstehen darunter nur die Aufopferungsfähigkeit des Einzelnen für die Gesamtheit, für seine Mitmenschen.» Ebendies und seine Predigt des Hasses ließen ihn zum «Führer» aufrücken.*

«Denn die Fahne ist mehr als der Tod», sang die Hitlerjugend – und in ihrem Lied «Es zittern die morschen Knochen» hieß der Refrain:

«Wir werden weitermarschieren,
wenn alles in Scherben fällt,
denn heute gehört uns Deutschland
und morgen die ganze Welt.»*

Das Ergebnis war nicht nur der Tod von dreitausend Menschen, wie am 11. September 2001 im World Trade Center von New York, sondern – unter anderem – die Ermordung von sechs Millionen Juden.

Vor dem Hintergrund des geschichtlichen Vergleichs gewinnt die Gestalt von Claus Stauffenberg eine unerwartete Aktualität. Er wuchs mit Vorstellungen auf, die uns unverständlich geworden und doch nun bedrängend nahe gerückt sind. Aber er erkannte die Wendung ins Unheil, und am Ende setzte er sein Leben dafür ein, es aus der Welt zu schaffen.

«Des Vaterlandes und des Kampfes fürs Vaterland würdig zu werden»

Berufswunsch Offizier

Theodor Pfizer, von der gemeinsamen Schulzeit her ein Freund von Alexander und Berthold Stauffenberg, hat geschildert, wie er als Student zu Besuch nach Lautlingen kam und «mit Claus in der kühlen Morgenfrühe aus dem schlafenden Schloss aufbrach zum Felsentor, seinem Lieblingsplatz, einem der hervortretenden, vom Grün der Buchenwälder umsäumten Albfelsen, von dem der Blick hinuntergeht auf die Täler der stillen Landschaft. – Wir sprachen von der Zukunft, von dem schmerzensreichen Werden eines neuen Deutschland, von Aufgaben des Staates, den Möglichkeiten, in ihm zu wirken, von Berufswünschen und -hoffnungen. Weder er noch ich wusste damals, welches unser Weg sein würde. Claus stand ein Jahr vor seinem Abitur.»*

Alexander und Berthold hatten bereits mit ihrem Studium begonnen, beide zunächst als Juristen. Alexander wechselte dann zur Geschichte und begann eine wissenschaftliche Laufbahn. 1931 habilitierte er sich als Privatdozent für alte Geschichte und wurde 1936 zum außerordentlichen Professor an der Universität Würzburg berufen. 1937 heiratete er Melitta Schiller, übrigens eine Frau mit jüdischem Vater. Doch da dessen Familie aus dem inzwischen sowjetischen Odessa stammte, blieb das unbekannt. Denn von dort ließen sich die nach 1933 geforderten «Ahnennachweise» nicht beschaffen. Melitta arbeitete als Luftfahrtingenieurin, wurde im Hochzeitsjahr zum Flugkapitän befördert und erprobte vor allem Sturzkampfbomber oder «Stukas», wie sie in der damaligen Abkürzungssprache genannt wurden. Im Krieg verlieh man ihr für ihren furchtlosen Einsatz das Eiserne Kreuz, eine für Frauen ganz seltene Auszeichnung. Von dieser Gräfin Stauffenberg und ihrem Mut wird fast am Ende dieses Buches noch einmal zu reden sein.

Berthold wollte Diplomat werden. Das misslang ihm zwar, und er vollendete seine juristische Ausbildung. Aber 1929 erhielt er eine Assistentenstelle am Kaiser-Wilhelm-Institut für ausländisches öffentliches Recht und Völkerrecht in Berlin. Damit gewann er doch die internationalen Beziehungen, die er sich wünschte; seit 1931 arbeitete er für einige Zeit am Ständigen Internationalen Gerichtshof im niederländischen Den Haag. 1935 wurde er zum Wissenschaftlichen Mitglied der Kaiser-Wilhelm-Gesellschaft ernannt.* 1936 heiratete er Maria Claasen. Seit 1935 gehörte er auch einem Ausschuss für Kriegsrecht an und übernahm beim Kriegsbeginn eine Stellung in der Völkerrechtsabteilung, die zum Oberkommando der Marine gehörte. Die beiden Brüder gelangten also zu ordentlichen Berufen und Lebensverhältnissen, aber von herausragenden Leistungen oder Karrieren kann man schwerlich sprechen.

Und Claus? Seine Anfälligkeit für Krankheiten hätte es erst recht nahe gelegt, eine akademische Laufbahn oder sonst einen zivilen Beruf zu wählen. Das schien auch vorgezeichnet zu sein. Schon der Zehnjährige sprach, träumte davon, Architekt zu werden und vom Fünfzehnjährigen hat sich mit dem Datum vom 24. Januar 1923 ein Schulaufsatz mit dem Titel «Was willst du werden?» erhalten, doppelt charakteristisch mit seinem vom Lehrer gestellten Thema und durch die Art seiner Ausführung:

«Für alle, die das Vaterland und das neue Reich erkannt haben, gibt es nur den einen hehren Beruf, den uns die großen Griechen und Römer durch die Tat vorgelebt haben, und den

Die Familie Stauffenberg in Lautlingen, 1923. Von links nach rechts
die Brüder Claus, Berthold und Alexander.

uns die Ritter in höchster Form dargetan haben: des Vaterlandes und des Kampfes fürs Vaterland würdig zu werden und
dann sich dem erhabenen Kampf für das Volk zu opfern; ein
wirklichkeits- und kampfbewusstes Leben führen. Dieser Beruf
muss dann ausgeführt werden mit dem tatsächlichen vereint,
muss diesem als Leitgedanke vorangehen: Jeder kann in seinem
Beruf Neues, dem Vaterland Ersprießliches schaffen. Um das zu
können, muss man freilich seine ganze Kraft und sein ganzes
Interesse dem gewählten Berufe widmen, man muss sein Können in eine gegebene Form bannen. Ich will einmal bauen, Baumeister werden. Ich finde es schön und es zieht mich an, das

Zusammenord[n]en von an sich ganz abstrakten Raumgebilden in eine schöne, in der Anordnung vernünftige und sinnreiche, selbstverständliche gebundene Form, das Übereinstimmen von Grundriss und Aufriss, von Innenausstattung und äußerem, das Abwägen der Verhältnisse zueinander, die angepasste Linienführung, alles individuell und doch sich in allgemein gültige Werte einfügend. So kurz im Einzelnen: Meine Freude am Bauen, am Stein auf Stein setzen. Im Ganzen aber will ich meine eigenen Gedanken in den Bau legen, aber ganz untergeordnet unter das Erlebnis vom Deutschtum, von der Kultur im Allgemeinen, sodass jeder Bau gewissermaßen einen Tempel, der dem deutschen Volk und Vaterland geweiht ist, darstellt. Damit ich aber mein Volk und andre uns vorbildliche Völker und deren Kultur näher kennen lerne, damit mir der Weg klarer wird, und auch weil sie mich interessiert und freut, will ich auch besonders Geschichte noch studieren. So gerichtet steht jetzt mein Wille, ob es anders kommt, weiß ich nicht, doch ist das nebensächlich, denn die Hauptsache ist, dass wir den eingeschlagenen Weg mit offenen Augen, mit Klarheit und Freude gehen und dem Ziel mannhaft entgegenstreben.»*

Zweierlei fällt auf. Zunächst ist es die hohe oder nach unserem Verständnis überhöhte Tonlage, in der nach der Art der Griechen und Römer vom Kampf für das Vaterland die Rede ist. Oder vom Vorbild der Ritter, die so etwas gar nicht kannten, sondern neben ihrer Treue (oder manchmal auch Untreue) zum Lehnsherrn einzig den eigenen handfesten Vorteil im Auge hatten. Man kann diese Tonlage vielleicht dem Zeitgeist zuschreiben und auf die nationale Erregung verweisen, die gerade jetzt hohe Wellen schlug. Knapp zwei Wochen vorher, am 11. Januar 1923, hatten französische und belgische Truppen das Ruhrgebiet besetzt; im Gegenzug rief die Reichsregierung den «passiven Widerstand» aus.

Zweitens ist von den aktuellen Entwicklungen der Architektur nicht die Rede. Wusste Stauffenberg überhaupt etwas von Peter Behrens oder von Hans Poelzig? Oder von den revolutionären Entwicklungen, die sich mit dem zunächst in Weimar, dann in Dessau ansässigen Bauhaus verbanden und in Walter Gropius ihren herausragenden Vertreter fanden? Nimmt man indessen die Neigung zu geschichtlicher Größe und Schönheit beim Wort, die «Tempel», die dem deutschen Volk geweiht sein sollen, so drängt sich beinahe der Eindruck auf, dass ein halbwegs begabter Architekt Stauffenberg womöglich zum Mitarbeiter Albert Speers getaugt hätte, dem «Baumeister des Führers».*

Man kann den Aufsatz des Halbwüchsigen aber noch in einen weiteren Zusammenhang stellen. Heute gehen wir wie selbstverständlich vom «Ich» aus. Wir fragen: «Wie kann ich mich selbst verwirklichen?» Der Beruf soll dazu ein Mittel sein, meiner Begabung entsprechen und Freude machen. Manchmal erscheint er auch nur als ein «Job», um genügend Geld zu verdienen und so gut wie gesichert leben zu können. Zur Selbstverwirklichung passt der Architekt durchaus; er kann von seiner Aufgabe überzeugt, von seiner Sendung besessen sein. Aber er passt überhaupt nicht dazu, «sich dem erhabenen Kampf für das Volk zu opfern». Dies scheint auch dem jungen Stauffenberg je länger, desto deutlicher vor Augen getreten zu sein. Ältere, vormoderne Auffassungen, auch die Adelstraditionen kommen seinem Berufswunsch in die Quere: Das Leben des Einzelnen taugt nur etwas, wenn er es der Pflichterfüllung, dem Dienst an einer höheren Aufgabe weiht.

Jedenfalls überrascht der Abiturient Familie und Freunde mit dem Entschluss, Offizier zu werden. Wie das, möchte man wissen und muss es sich zusammenreimen. Gewiss, den Beruf des Soldaten als Krönung des Dienstes am Vaterland anzusehen entsprach den Adelstraditionen, und auch der Vater Stauffen-

berg war ja Offizier gewesen, bevor er sich in einen zivilen Hof-
beamten verwandelte. Der altpreußische Konservative Ernst
Ludwig von Gerlach hat einmal von – natürlich adligen – Leutnants gesagt, dass sie «bei kurzem Solde und geringem Avance-
ment nichts weiter fordern als das in ihren Familien seit vielen
Generationen ererbte Vorrecht, sich, sowie ein Krieg ausbricht,
in Massen totschießen zu lassen».* Oder ruhmgekrönt heimzu-
kehren und aus ihrem Einsatz Vorrechte abzuleiten. Ähnlich
Otto von Bismarck: Preußen solle nicht unnötig das Blut seiner
Bauernsöhne vergießen; «vom Edelmann rede ich nicht, er ist
dazu da».* Für Stauffenberg gab es persönliche Beziehungen zu
Preußen: Über seine Mutter war er ein Nachkomme des Heeres-
reformers und Generalfeldmarschalls Neidhardt von Gneisenau; mit Stolz hat er sich an diesen Vorfahren erinnert und ihm
eigene Studien gewidmet.*

Aber Württemberg lag von Preußen doch ziemlich weit entfernt. Hier gab es vom Denken und Dichten über das Tüfteln
und Erfinden bis zum fleißig-sparsamen Wirtschaften eigene
Wege, um es zu etwas zu bringen. Ohne weiteres hätte Claus
Stauffenberg sich dem Vorbild der Brüder anschließen und es
bei kurzen Wehrübungen belassen können, um, falls nötig, als
Reserveoffizier ins Feld zu ziehen. Warum also diese Berufs-
wahl?

Offenbar brannte in dem jungen Mann der Ehrgeiz, Menschen zu führen und ihnen ein Vorbild in der Gefahr zu sein.
(Zur Ironie seiner glanzvollen militärischen Laufbahn gehörte
dann, dass er niemals im direkten Kampfeinsatz gestanden hat;
gerade seine Begabung versetzte ihn schon frühzeitig in Stabs-
stellungen hinter der Front.) Womöglich wollte er auch sich
selbst etwas beweisen: Die Anfälligkeit für Krankheiten, die an-
geborene Schwäche forderte ihn dazu heraus, sie durch ein trot-
ziges «Dennoch!», durch die Anspannung des Willens bis zum

Äußersten zu überwinden. Wenn dann die Reichswehr, durch die Bestimmungen des Versailler Friedensdiktats auf ein 100 000-Mann-Heer beschränkt, harte Anforderungen stellte und unter ihren Bewerbern eine strenge Auslese traf: umso besser.

In den ersten Jahren seiner Ausbildung ist Stauffenberg nicht selten in Erschöpfungszustände geraten, und mehr als einmal musste er sich aus dem Dienst zu längeren Kuraufenthalten verabschieden. Im Ergebnis aber ist ihm der Triumph des Willens gelungen. Er überwand seine Schwächen und entwickelte sich zu einem gesunden und kräftigen, athletisch durchtrainierten Mann, den keine Strapazen davon abhielten, das zu leisten, was von ihm erwartet wurde – oder noch mehr. Diese Verwandlung lässt sich sogar an Fotos ablesen. Bilder des Kindes, des Jungen, des Halbwüchsigen zeigen eher volle und weiche Züge; das Offiziersgesicht aber stellt sich in kantigen Konturen und ausgeprägt männlich dar.

Nur Stichworte seien zur Laufbahn des Offiziers bis zum Kriegsbeginn im Jahre 1939 genannt.

Am 1. April 1926 trat Stauffenberg als Fahnenjunker, das heißt als Offiziersanwärter, in das Reiterregiment 17 ein, das in Bamberg stationiert war. Die Liebe zu Pferden lag dem jungen Mann aus altem Adel gewissermaßen im Blut. Außerdem spielte die Kavallerie zwangsläufig noch eine bedeutende Rolle, denn die Entwicklung von Panzerverbänden war durch die Versailler Bestimmungen verboten. Und wenn man zu wählen hatte, dann erschien es vielen als vornehmer, zu Pferde zu sitzen, statt als Infanterist zu marschieren oder bei technischen Einheiten wie den Pionieren oder der Artillerie sich mit neumodischem Kram zu beschäftigen. Die Zählebigkeit der Reitertraditionen erkennt man bis weit in den Zweiten Weltkrieg hinein am ausgebuchteten Schnitt der Offiziershosen, oft auch noch an den

Sporen, die an die Stiefel geschnallt sind, obwohl die Herren längst abgesessen waren. (Besonders kurios erscheint die Weiterführung des kavalleristischen Hosenschnitts bei der Nationalen Volksarmee der DDR.)

Der Grundausbildung in Bamberg schloss sich vom Oktober 1927 bis zum August 1928 ein Lehrgang an der Infanterieschule in Dresden an, gefolgt von einem Lehrgang an der Kavallerieschule in Hannover. Die Offiziersprüfung fand im Juli 1929 statt; die Ernennung zum Leutnant ist auf den 1. Januar 1930, die Beförderung zum Oberleutnant auf den 1. Mai 1933 datiert.

Schon 1930 hatte Stauffenberg sich mit Nina Freiin von Lerchenfeld verlobt, Tochter eines königlich bayerischen Kammerherrn und kaiserlichen Generalkonsuls, der in Bamberg ein Stadthaus unterhielt. Das war zunächst einmal eine tadelsfrei «standesgemäße» Verbindung, und die Gelegenheit macht Liebe: Im kleinen Kreis der feinen Gesellschaft von Bamberg lernte man sich zwangsläufig kennen; die Offiziere der Garnison waren als Tanzpartner für die Töchter begehrt. (Dass man schon vor der Hochzeit miteinander verreiste, war allerdings ausgeschlossen; es gab noch einen strengen Ehrenkodex.) Sonst erfährt man leider nicht viel – so wenig wie die Verlobte: Auf die Frage der Siebzehnjährigen, warum er gerade sie ausgewählt habe, hieß die Antwort des Herrn Leutnants mit eigenwilligem Charme: Er habe gleich gesehen, dass sie die richtige Mutter seiner Kinder sein werde.

Die Hochzeit folgte am 26. Mai 1933, ungewöhnlich früh für einen Offizier. Denn beinahe wie Stefan George – der ja auch noch lebte – sahen die militärischen Vorgesetzten es nicht gern, wenn die jungen Leute sich voreilig banden; das konnte sie von ihrem Dienst und ihrer Ausbildung ablenken. Ohnehin waren die Gehälter knapp bemessen; eigentlich erst vom Hauptmann oder bei der Kavallerie vom Rittmeister an ließ sich eine Familie

Die Verlobten Nina und Claus 1931.

halbwegs so unterhalten, wie es sich gehörte. In diesem Falle stand allerdings ein wohlhabender Schwiegervater dem Oberleutnant hilfreich zur Seite.

Nach allem, was wir wissen, haben Claus und Nina Stauffenberg eine glückliche Ehe geführt, eine fruchtbare dazu: 1934 wurde der Sohn Berthold geboren, gefolgt von Heimeran 1936, Franz Ludwig 1938 und Valerie 1940. Am 27. Januar 1945, sechs Monate nach dem Tod des Vaters, kam noch die Tochter Konstanze zur Welt.

1934 sah sich Stauffenberg wieder an die Kavallerieschule in Hannover versetzt, diesmal als «Bereiteroffizier», der täglich für mehrere Stunden im Sattel saß.

Der Freund, der zum Mitverschworenen wurde: Albrecht Ritter Mertz von Quirnheim.

Im Sommer 1936 bestand Stauffenberg mit Auszeichnung eine Militär-Dolmetscherprüfung in Englisch. Anschließend unternahm er im August und September zwei Reisen nach England. Beim zweiten Besuch wurde er von einem Leutnant Loewe betreut, der ihm sagte, dass er Jude sei. Ob das dem Gast aus Deutschland etwas ausmache? Nein, warum denn, hieß die Antwort. Es genüge doch, dass man miteinander Offizier sei, gleich ob in der britischen oder der deutschen Uniform.

Im Oktober 1936 begann Stauffenberg eine knapp zweijährige Generalstabsausbildung an der Kriegsakademie in Berlin. Dazu wurde nach den entsprechenden Beurteilungen nur eine Auslese von Offizieren zugelassen und dann wiederum nur eine Auslese dieser Auslese tatsächlich in den Generalstabsdienst übernommen.* In dem Lehrgangskameraden Albrecht Ritter Mertz von Quirnheim gewann Stauffenberg einen Freund, der später zu seinem Mitverschwörer werden sollte. Während der Ausbildung erfolgte am 1. Januar 1937 die Beförderung zum Rittmeister. Die Aufrüstung, die Vergrößerung der Wehrmacht war jetzt im vollen Gange; manche Generale hielten sie sogar für bedenklich überstürzt. Zwangsläufig verkürzten sich damit die Lehrgangszeiten, und entsprechend beschleunigten sich die Beförderungen.

Für Stauffenberg schloss sich am 1. August 1938 die Ernennung zum 2. Generalstabsoffizier der 1. Leichten Division an, die in Wuppertal stationiert war. Dieser 2. Generalstabsoffizier, im Fachjargon «Ib», hatte sich um Organisationsfragen zu kümmern und für den Nachschub zu sorgen; heute sprechen wir nicht nur beim Militär, sondern auch bei Wirtschaftsunternehmen von der Logistik. Begehrter war natürlich die Stellung des 1. Generalstabsoffiziers oder «Ia», der als Berater seines Kommandeurs die Kampfeinsätze plante. (Das mindere Ansehen der Logistik hat im Zweiten Weltkrieg zu dramatischen Fehleinschätzungen und schweren Rückschlägen geführt, besonders seit 1941 im Feldzug gegen die Sowjetunion.)

Die Leichte Division stellte im Grunde eine Übergangserscheinung von der Kavallerie zu motorisierten Verbänden dar; nach dem Feldzug in Polen erfolgte denn auch eine Umrüstung zur 6. Panzerdivision. Die Sollstärke betrug knapp 10 000 Mann. Im Oktober 1938 nahm die Division an der Besetzung des Sudetenlandes teil, dessen Abtretung durch die Tschechoslowakei und «Heimkehr ins Reich» die Westmächte im Münchener Abkommen vom 29. September 1938 zugestanden. Hitler hatte vorweg feierlich erklärt, dass dies die letzte territoriale Forderung sei, die er stelle. Elf Monate später überfiel er Polen.

Um zu Stauffenberg zurückzukehren: Es gibt viele Berichte

über den jungen Offizier, von Vorgesetzten ebenso wie von Untergebenen und den Kameraden. Die Zeugnisse der Vorgesetzten fallen durchweg glänzend aus. Allenfalls mäkeln sie am Rande, etwa über ein oft lässiges Auftreten, das nicht militärisch stramm genug wirkt. Die Untergebenen lieben ihren Leutnant, Oberleutnant und Rittmeister. Denn er kümmert sich um sie und geht ohne eine Spur von Arroganz oder Herablassung mit ihnen um. Die Kameraden nennen ihn «den Stauff», wählen ihn zum Jahrgangsältesten, einem Klassensprecher vergleichbar, und bewundern ihn. Manchmal stößt man aber auch auf Ablehnung, auf offenkundigen Neid. Denn «der Stauff» redet gern und viel, nicht selten mit Ironie gemischt, und fordert, um eine Debatte zu entfachen, durch spielerisch kecke Behauptungen zum Widerspruch heraus. Außerdem macht er aus seiner Bildung, seiner Belesenheit, seinen musischen Neigungen keinen Hehl. Nicht jeder verträgt das.

Immer wieder wird sein herzhaftes Lachen bezeugt, das ansteckend wirkt, und er liebt den geselligen Umgang. Er schätzt das gute Glas Wein und die gute Zigarre. Im Übrigen raucht er wie ein Schlot; auf vielen Fotos sieht man ihn mit der Zigarette in der Hand. Doch bei aller Nähe wahrt er zugleich den Abstand. Wer die Kumpanei sucht und sich mit ihm gemein machen möchte, stößt auf eine gläserne, aber undurchdringliche Wand.

Wo er auf Schlamperei trifft, empört er sich und schimpft aus voller Kehle. Und wehe dem, der sich ehrlos verhält. Im Polenfeldzug lässt ein Offizier kurzerhand zwei Frauen erschießen, die angeblich dem Feind Lichtsignale gegeben haben sollten. Als sich aber herausstellt, dass es sich um zwei Schwachsinnige handelte, die dazu gar nicht in der Lage waren, setzt Stauffenberg durch, dass dieser Offizier vor ein Kriegsgericht gestellt und degradiert wird.

«Unbedingter Gehorsam»

Die Wehrmacht und Hitler

Seit dem katastrophalen Ausgang des Zweiten Weltkriegs ist den Deutschen die Lust an militärischen Abenteuern gründlich abhanden gekommen; aus Überzeugung sind sie zu Zivilisten geworden wie kaum ein anderes Volk. Doch das war einmal anders: Unsere Vorväter sonnten sich im Glanz der Uniformen und träumten von Orden und Ehrenzeichen.

Weil wir das nicht mehr verstehen, lohnt es sich, Schelmengeschichten zu erzählen, aus denen die Anschauung wächst. Denn jede Zeit wird an den Possenspielen kenntlich, die zu ihr gehören. Für die Bundesrepublik wären das etwa die Berichte vom «Baulöwen» Schneider oder von Skandalen, die sich um Parteispenden ranken. Im Kaiserreich war es der falsche Hauptmann, der arbeitslose Schuster Wilhelm Voigt, der, als Offizier verkleidet, am 16. Oktober 1906 auf der Straße einige Soldaten anhielt und sie unter sein Kommando stellte, um dann mit ihnen den Bürgermeister von Köpenick zu verhaften und die Stadtkasse zu beschlagnahmen. Leicht verkürzt sei hier eine Szene aus Carl Zuckmayers Komödie «Der Hauptmann von Köpenick» wiedergegeben:

Obermüller: Der Bataillonsadjutant hat mir heute mitgeteilt, dass meine Ernennung zum Leutnant der Reserve soeben erfolgt ist, es kam mir etwas überraschend, ich muss nun sehen, wie ich mit der Equipierung [Einkleidung] fertig werde. Sie müssen mir da helfen, Herr Wormser –

Wormser: Muss'n schönes Gefühl sein, wenn man auf einmal mit Herr Leutnant angeredet wird, das schmeichelt den Gehörknöchelchen. Wissen Sie, ich sage immer: Vom Gefreiten aufwärts beginnt der Darwinismus. Aber der Mensch, der fängt erst beim Leutnant an, is nich so, is nich so?

Obermüller: Das möchte ich nicht gerade behaupten – aber – für meine Laufbahn ist es natürlich außerordentlich wertvoll. Ich brauche die Uniform wirklich besonders eilig, Herr Wormser, ich –

Wormser: Wabschke, holense's Maßbuch. Sie sind doch Staatsbeamter, Herr Leutnant, nich?

Obermüller: Meine Mutter kommt nämlich zu Besuch, sie legt besonderen Wert drauf, sie ist ja aus einer Offiziersfamilie. Ich? Kommunalbeamter, Herr Wormser.

Wormser: Beamter is auch immer sehr schön.

Obermüller: Gewiss doch, man kann gut vorwärts kommen – ich bin jetzt schon im Köpenicker Stadtmagistrat; wenn ich Glück habe, kann ich mal Bürgermeister von Köpenick werden.

Wormser: Na, zum Reserveleutnant hamse's ja schon gebracht, das is die Hauptsache, das muss man sein heutzutage – gesellschaftlich – beruflich – in jeder Beziehung! Der Doktor ist die Visitenkarte, der Reserveoffizier ist die offene Tür, das sin die Grundlagen, das is mal so!»*

Der Ruhm der Armee, der Glanz der Uniformen: Das Kaiserreich ist ja im Schlachtendonner, im Sieg über den «Erbfeind» Frankreich gegründet worden. Darum war das Siegesdatum von 1870, der 2. September, der Sedantag, der einzige populäre Nationalfeiertag, den wir jemals gehabt haben. Sebastian Haffner hat von ihm gesagt: «Das war eine Stimmung – ich finde für die heutige Zeit keinen anderen Vergleich –, als ob die deutsche Nationalmannschaft die Fußballweltmeisterschaft gewonnen hätte, und zwar jedes Jahr aufs Neue.»*

Umso bitterer empfand man nach der Niederlage von 1918 die erzwungene Beschränkung auf ein 100 000-Mann-Heer. Die Reichswehr, wie sie jetzt hieß, machte das Beste daraus, was ihr möglich schien. Sie entwickelte sich zur hervorragend ausgebildeten Berufsarmee und hielt sich dafür bereit, das Fundament einer künftigen Wiederaufrüstung zu bilden.

Mit langfristig dienenden Berufssoldaten und einem durchweg konservativ ausgerichteten Offizierskorps entwickelte sie sich allerdings auch zum «Staat im Staate». Zwar hieß die Eidesformel: «Ich schwöre Treue der Reichsverfassung und gelobe, dass ich als tapferer Soldat das Deutsche Reich und seine gesetzmäßigen Einrichtungen jederzeit schütze, dem Reichspräsidenten und meinen Vorgesetzten Gehorsam leisten will.» Aber als der Reichspräsident Friedrich Ebert im krisenreichen Herbst 1923 den Chef der Reichswehr, General von Seeckt, einmal fragte: «Ich möchte wirklich nur wissen, wo steht denn eigentlich die Reichswehr?», hieß die eisige Antwort, monokelbewehrt und mit undurchdringlichem Gesicht: «Die Reichswehr steht hinter mir.» Und das hieß zugleich: Sie stand der Republik höchst skeptisch gegenüber. Die Generale verachteten das Parteiengetriebe, das parlamentarische «Gezänk» und den eigenen Oberbefehlshaber, den Reichspräsidenten, jedenfalls solange er noch Ebert und nicht Paul von Hindenburg hieß.* Ihrem Selbstverständnis nach diente die Armee un- oder überpolitisch «dem Staat», der alle Umbrüche überdauerte: nicht einem zeitgebundenen, sondern dem «ewigen» Deutschland.

Zu den charakteristischen Bestimmungen gehörte, dass die Angehörigen der Reichswehr keiner Partei angehören und nicht einmal wählen durften. Vom «Staatsbürger in Uniform», wie ihn nach dem Zweiten Weltkrieg die Reformer der Bundeswehr entwarfen, war man damit um Welten entfernt.*

Die Probe kam mit der nationalsozialistischen «Machtergreifung» von 1933. Hitler versprach den Generalen ein wieder wehrhaftes Deutsches Reich. Die Armee sollte so rasch wie möglich vergrößert und mit allen modernen Waffen versorgt werden, die sie benötigte, um im Kriegsfalle sich nicht nur verteidigen, sondern auch angreifen zu können. Tatsächlich lief die Aufrüstung erst verdeckt und zögernd an, wurde bald aber offen vollzogen und gewann ein immer schnelleres Tempo.*

Dass viele, fast alle Offiziere davon begeistert waren, lässt sich verstehen. Im Ziel, ein wieder erstarktes Deutschland zu schaffen, war man sich vollkommen einig, und Hitler schuf dafür die politische, um nicht zu sagen die geistige Grundlage, die in der Weimarer Republik gefehlt hatte. Bloß als Beispiel: Am 10. Mai 1933 fanden, vom neuen Minister für «Volksaufklärung und Propaganda», Dr. Joseph Goebbels, erdacht und organisiert, von Studenten durchgeführt, in den Universitätsstädten Bücherverbrennungen statt. Bei der zentralen Kundgebung auf dem Opernplatz in Berlin* hieß einer der Flammensprüche: «Gegen literarischen Verrat am Soldaten des Weltkriegs, für Erziehung des Volkes im Geist der Wehrhaftigkeit! Ich übergebe dem Feuer die Schriften von Erich Maria Remarque.»* Ja, das wärmte die Herzen grauhaariger Generale und junger Offiziere.

Im Übrigen gehört zum Menschen der Ehrgeiz aufs Vorwärtskommen. Und zu denen gehört er ganz besonders, die stolz auf ihren Beruf sind. Jetzt, ausgehend vom 100 000-Mann-Heer, eröffneten sich Chancen wie kaum jemals zuvor. Um wieder ein Beispiel zu nennen: Erwin Rommel, ein überragend befähigter Soldat und im Ersten Weltkrieg mit dem höchsten Militärorden, dem «Pour le Mérite», ausgezeichnet, bekleidete 1918 den Rang eines Hauptmanns und 1933 den eines Majors. Das bedeutete die Beförderung um nur eine Rangstufe in 15 Jahren. Doch nur sechs Jahre später, noch vor dem Beginn des Zweiten Weltkriegs, war Rommel bereits zum General aufgestiegen – drei

Stufen weiter –, und 1942 wurde er zum Generalfeldmarschall ernannt, nochmals um fünf Stufen weiter. Dabei ist vom Ruhm und vom Ordensregen noch gar nicht die Rede.

Aber es gab ein Problem: Die nationalsozialistische Massenorganisation der SA, die im Straßenkampf mit Kommunisten und Sozialdemokraten unentbehrlich war, wurde nach der Ergreifung und Festigung der Macht nicht mehr gebraucht. Wozu taugte sie noch? Ihr Stabschef Ernst Röhm, ein Haudegen und ein Duzfreund Hitlers, stellte den Anspruch, dass die SA das neue Millionenheer bilden und den «grauen Fels» der Reichswehr als Sturmflut umspülen, am Ende womöglich wegspülen sollte. Das waren höchst unausgegorene Pläne, doch sie beunruhigten natürlich die Generale. Die pochten auf das Waffenmonopol, das der Wehrmacht allein zustand, und drängten den «Führer und Reichskanzler» dazu, dem Treiben ein Ende zu machen. Im Hintergrund standen noch andere Kräfte, voran die SS unter der zielbewussten Führung Heinrich Himmlers, die sich aus der Vormundschaft der SA lösen, alle Polizeigewalt an sich bringen und die innenpolitische Herrschaft übernehmen wollte. Im heimlichen Einvernehmen von Wehrmacht und SS wurden Hitler Gerüchte über Putschpläne der SA zugespielt.

Der zögerte lange, aber schließlich schlug er zu. In den Tagen und Nächten vom 30. Juni bis zum 2. Juli 1934 wurden Röhm und viele seiner SA-Führer ermordet. Das Bluthandwerk besorgte die SS, aber die Armee stand sozusagen Schmiere; sie versorgte die SS mit Waffen und hielt sich in ihren Kasernen einsatzbereit, um wenn nötig einzugreifen.*

In einem Bericht über die Kabinettssitzung, die am 3. Juli 1934 stattfand, hieß es: «Reichswehrminister Generaloberst von Blomberg dankte dem Führer im Namen des Reichskabinetts und der Wehrmacht für sein entschlossenes und mutiges Handeln, durch das er das deutsche Volk vor dem Bürgerkrieg bewahrt habe. Der Führer habe sich als Staatsmann und Soldat von einer Größe gezeigt, die bei den Kabinettsmitgliedern und im ganzen deutschen Volk das Gelöbnis für Leistung, Hingabe und Treue in dieser schweren Stunde in allen Herzen wach gerufen habe. Das Reichskabinett genehmigte sodann ein Gesetz über die Staatsnotwehr, dessen einziger Artikel lautet: ‹Die zur Niederschlagung hoch- und landesverräterischer Angriffe am 30. Juni und am 1. und 2. Juli vollzogenen Maßnahmen sind als Staatsnotwehr rechtens.› Der Reichsjustizminister Dr. Gürtner erklärte hierzu, dass die vor dem unmittelbaren Ausbruch einer landesverräterischen Aktion ergriffenen Notwehrmaßnahmen nicht nur als Recht, sondern als staatsmännische Pflicht zu gelten haben.»*

Wie das? Von Notwehr konnte überhaupt keine Rede sein; Putschpläne, die unmittelbar vor der Ausführung standen, gab es nicht, und die Masse der SA-Leute war kurz zuvor in den Sommerurlaub geschickt worden. Allenfalls wäre es angebracht gewesen, Röhm und seine angeblichen Mitverschworenen zu verhaften, um dann ordentliche Gerichte ihre Schuld oder Unschuld prüfen und darüber urteilen zu lassen. Stattdessen wurde von Staats wegen gemordet. Dass zu den Opfern auch zwei Generale gehörten – der frühere Reichskanzler Kurt von Schleicher und sein Mitarbeiter Ferdinand von Bredow –, löste bei der Reichswehrführung offenbar nur ein Achselzucken aus: Wo gehobelt wird, fallen Späne. Man fühlte sich als Sieger und erwies sich am Ende als betrogener Betrüger. Denn aus der straff organisierten SS wuchs der Wehrmacht im Lauf der Jahre ein viel gefährlicherer Konkurrent um das Waffenmonopol heran als die SA.*

Wenige Wochen später, am 2. August 1934, starb der Reichspräsident von Hindenburg. Noch vor seinem Tod überraschte Blomberg mit der Erklärung, «dass er beabsichtige, unmittelbar nach dem Ableben des Herrn Reichspräsidenten die Soldaten der Wehrmacht auf den Führer und Reichskanzler Adolf Hitler zu vereidigen». Der Eidestext, den Blomberg und sein Chef des Ministeramtes Oberst von Reichenau entwarfen, lautete fortan: «Ich schwöre bei Gott diesen heiligen Eid, dass ich dem Führer des deutschen Reiches und Volkes, Adolf Hitler, dem Obersten Befehlshaber der Wehrmacht, unbedingten Gehorsam leisten und als tapferer Soldat bereit sein will, jederzeit für diesen Eid mein Leben einzusetzen.» Solch einen *unbedingten* Gehorsam hatte es noch niemals gegeben, und vorher war von der *Treue zur Verfassung* die Rede gewesen. Mit der Genauigkeit betrachtet, um die sich jetzt niemand mehr scherte, beruhte daher die neue Eidesformel auf einem Eidbruch.

In unseren Tagen hat man heftig über die «Verbrechen der Wehrmacht» gestritten, nicht selten mit mehr Erregung als Sachverstand. Gemeint waren dabei die Verbrechen im Krieg, besonders im Krieg gegen die Sowjetunion seit 1941. Doch der Weg ins Unheil begann schon viel früher. Wenn man das Verhalten der Reichswehrführung im Sommer 1934 auf eine Formel bringt, dann lautet sie: *Macht geht vor Recht.* Und von da an musste man auf alles gefasst sein, auch auf das Schlimmste.

Wie verhielt sich nun Stauffenberg zur nationalsozialistischen «Machtergreifung»? Wie urteilte er über Hitler? Die Biographen sind sich uneinig. Oder mehr noch: Sie widersprechen sich krass. Bei Peter Hoffmann heißt es:

«Leutnant Claus Graf Stauffenberg, der als Soldat nicht wählen durfte, trat schon bei der Reichspräsidentenwahl im April 1932 für Hitler ein, weil Hindenburg zu alt sei. Hindenburg sei reaktionär … Dem Nationalsozialismus überhaupt stand Stauffenberg zustimmend gegenüber, die Ernennung Hitlers zum Reichskanzler begrüßte er, manchen Berichten zufolge war er davon begeistert … Ein Kamerad nannte Stauffenberg national, rechts wie alle Offiziere, keineswegs Mitläufer, vielmehr begeistert aus sich selbst heraus, eine ‹nationale Flamme›, ein ‹heilig loderndes Feuer›.» Und so immer weiter. «Ein Verwandter aus der Familie, in die Stauffenberg heiratete, erinnerte sich, wie überrascht man in der Familie über Stauffenbergs Umsturzversuch gewesen sei, weil man ihn geradezu für den einzigen ‹Braunen› in der Familie gehalten habe.»

Als Nagelprobe gilt das Verhalten am Tag der «Machtergreifung»: «Am 30. Januar 1933 geriet Stauffenberg, unterwegs zu einer Abendeinladung, zu der er dann zu spät kam, in Uniform in eine begeisterte Menschenmenge und zog an der Spitze mit. Er meinte, als er sein Erlebnis den Gastgebern und anderen Gästen erzählte, die begeisterten Bürger hätten es nicht verstanden, wenn ein Offizier sich in solcher Lage beiseite gedrückt hätte. Als Ältere unter den Zuhörern ihn scharf kritisierten, sagte er, die großen Soldaten der Befreiungskriege hätten wohl mehr Gefühl für eine echte Volkserhebung bewiesen.»

Bei Eberhard Zeller sieht es ganz anders aus. Zu dem gerade geschilderten Vorgang heißt es bei ihm: «Die gern aufgenommene Geschichte, Stauffenberg sei am Tag der ‹Machtergreifung› bei einer öffentlichen Kundgebung in Bamberg in Leutnantsuniform vorangegangen, hat sich nach genauen Nachforschungen bei der Stadtverwaltung, der Zeitung, bei einer Vielzahl von Personen, die am 30. Januar 1933 am Ort anwesend waren, so auch bei dem Regimentskommandeur Stauffenbergs und Nina Freiin von Lerchenfeld, der damaligen Verlobten Stauffenbergs, als aus der Luft gegriffen erwiesen. Eine solche Kundgebung hat nicht stattgefunden. *Parteigenossen* zogen am Abend durch die Stadt mit Fackeln und hörten die markigen Worte eines *Stadtrates,* die erhalten sind. Die Falschmeldung ist, wie nachgewiesen wurde, dem Gedächtnisirrtum eines Generals entsprungen.» Der aber habe nicht aus eigener Anschauung berichtet, weil er gar nicht zugegen war, sondern nur weitergegeben, was man ihm erzählt hatte. «Er verstarb, ehe er den versprochenen Widerruf bringen konnte.» Im Übrigen habe der Regimentskommandeur, Oberst Freiherr von Perfall, bei einer eigens einberufenen Offiziersversammlung erklärt: «Das ist doch Revolution, da kann man doch nicht mitmachen.»*

Stauffenberg im Jahre 1934.

Wir lassen auf sich beruhen, was kaum mehr zu klären ist. Natürlich findet man bei Stauffenberg über die Jahre hin die eine oder die andere Stellungnahme, nicht selten auch Widersprüchliches. Es war seine Art, sich spontan zu äußern und mit seiner Meinung nicht hinter dem Berg zu halten. Dass er manchmal schimpfte wie ein Rohrspatz, versteht sich bei einem halbwegs unabhängigen Kopf und bei seinem Temperament beinahe von selbst. Es war auch nichts Ungewöhnliches; das taten, wie schon erwähnt, im Alltag des «Dritten Reiches» Hunderttausende oder sogar Millionen von Menschen, ohne doch an Widerstand zu denken, mit dem Stoßseufzer versehen: «Wenn das der Führer wüsste!»

Im Ganzen aber war Stauffenberg, wiederum in Übereinstimmung mit der weitaus überwiegenden Volksmeinung, mit seinen Offizierskameraden und mit der Wehrmachtführung, mit der großen Linie des Geschehens vollkommen einverstanden. Ehrgeiziger noch als die meisten seiner Alters- und Zeitgenossen, dachte er ans Vorwärtskommen, um eine Position zu erreichen, in der er Großes zu leisten vermochte. Und er war ein Patriot durch und durch; von früher Jugend an, und seit seiner Prägung im George-Kreis noch verstärkt, glühte in ihm die Vaterlandsliebe. «O heilig Herz der Völker, o Vaterland!», mit diesen Worten beginnt der «Gesang des Deutschen» von Friedrich Hölderlin, den Claus Stauffenberg ebenso verehrte, wie Stefan George sich als sein Erbe fühlte. Und so fremd es uns heute auch geworden sein mag: Für «den Stauff» war das keine Phrase, sondern der Antrieb seines Handelns. Ohne ihn bleibt unerklärbar, was später geschah.

Hitler zerriss die Ketten von Versailles, machte das Reich wieder wehrhaft, kehrte zur Tradition der allgemeinen Wehrpflicht zurück, ließ im Handstreich das entmilitarisierte Rheinland besetzen, führte Österreich und das Sudetenland «heim ins Reich», erhob Deutschland zu neuer Größe, über das von Bismarck und bis 1914 Erreichte noch hinaus – und das alles, stets seine Friedensliebe beteuernd, ohne einen Schuss abzufeuern und einen Tropfen Blut zu vergießen. Damit erschien er wirklich als ein Mann der Vorsehung, gegen den sich nichts einwenden ließ. Um nochmals Peter Hoffmann zu zitieren: «Ebenso [wie Stauffenberg] traten damals Oberleutnant Stieff, Major Oster (damals nicht aktiv), Hauptmann von Tresckow, Oberleutnant Mertz von Quirnheim und Stauffenbergs Vetter Oberleutnant d. R. [der Reserve] von Hofacker, die alle später in der Verschwörung gegen Hitler ihr Leben ließen, für die ‹nationale Bewegung› ein.»

Mertz von Quirnheim schrieb sogar noch am 9. November 1939, dem Tag nach dem Attentatsversuch Georg Elsers, an seine Frau: «Was sagst du zu dem hundsgemeinen Münchner Verbrechen? Hoffentlich erwischt man die Kerle, um sie der schwersten Bestrafung zuzuführen, die sich die menschliche Phantasie überhaupt ausmalen kann. Die Folgen dieses Attentats wären unübersehbar gewesen. Anscheinend hält aber doch das Schicksal seine Hand über so großen Männern, bis sie ihre Mission erfüllt haben.»*

Die Übereinstimmung mit Hitler, dem Emporkömmling aus dem Nichts, galt freilich für diese traditionsbewussten Offiziere, wie für die Wehrmachtführung und überhaupt alle im Kern nicht radikalen, sondern konservativen Kräfte, nur unter Vorbehalt und auf Widerruf. Wenn sich herausstellen sollte, dass seine Friedensbeteuerungen falsch waren, dass er sich mit der glücklich wiedergewonnenen Machtstellung des Reiches nicht begnügte, sondern sie nur als ein Mittel ansah, um sich und das Land in das Abenteuer eines Eroberungskrieges zu stürzen, den Deutschland aller Voraussicht nach nicht gewinnen konnte, sondern verlieren musste, dann stellten sich die entscheidenden Fragen und Fronten neu.

Zurück zu alter Größe?

Der Weg in den Krieg

Im Gefühl wachsender Stärke drängte Hitler zum Losschlagen, zu dem Eroberungskrieg, der von jeher ein Kernstück seiner Weltanschauung und seines Programms bildete. 1936, in einer geheimen Denkschrift zum Vierjahresplan, der die deutsche Wirtschaft kriegsbereit machen sollte, hieß es, dass auch die Wehrmacht in vier Jahren einsatzbereit sein müsse. Göring verlas diese Denkschrift in einer Sitzung des Ministerrates und erklärte: «Alle Maßnahmen haben so zu erfolgen, als ob wir uns [schon] im Zustand drohender Kriegsgefahr befänden.»*

Ein Jahr später hatte sich der Zeithorizont nochmals verkürzt. Am 5. November 1937 entwickelte Hitler in einer Geheimkonferenz sein Programm für die Eroberung von «Lebensraum». Anwesend waren der Reichsaußenminister Freiherr von Neurath, der Reichskriegsminister von Blomberg und die Oberbefehlshaber des Heeres, der Marine und der Luftwaffe, Freiherr von Fritsch, Raeder und Göring, außerdem Hitlers Heeresadjutant, Friedrich Hoßbach, der nachher ein Protokoll verfasste, sodass wir wissen, was vorging.* Erstmals nannte Hitler als Möglichkeit des Kriegsbeginns das Jahr 1938; zunächst sollte die Tschechoslowakei überfallen und besetzt werden.

Das war nun der Punkt, an dem der Spieler um alles oder nichts und die bedächtigen Bewahrer, also Hitlers Pläne und die Anschauungen der Konservativen sich unmissverständlich trennten. Neurath, Blomberg und Fritsch waren entsetzt. Sie brachten Einwände vor, und die Diskussion nahm «zeitweilig sehr scharfe Formen an».

Grollend zog sich Hitler auf seinen bayerischen Berghof zurück und war nicht zu sprechen, als der Außenminister und der Oberbefehlshaber des Heeres weitere Unterredungen erbaten. Doch dann führte er im Januar und Februar 1938 seine Schläge.

Am 12. Januar heiratete der verwitwete Blomberg; Hitler und Göring traten als Trauzeugen auf. Gleich darauf präsentierten Göring und die Geheime Staatspolizei eine Akte, die die neue Frau des Feldmarschalls als angebliche Prostituierte auswies, samt pornographischen Aufnahmen, bei denen sie mitgewirkt hatte. Gleich darauf wurde der unverheiratete Fritsch noch viel schwerer beschuldigt: Er habe sich homosexuell vergangen. Am 26. Januar wurde er mit einem vorbestraften Strichjungen als gedungenem Zeugen konfrontiert, der behauptete: «Ja, er war es.» Es handelte sich um ein Schmierenstück, von der Gestapo inszeniert; die später von der Wehrmacht durchgesetzte kriegsgerichtliche Untersuchung bewies die Intrige und Fritschs Unschuld.

Aber darauf wartete Hitler nicht, sondern nutzte die Gelegenheit, die sich ihm bot, um reinen Tisch zu machen. Am 4. Februar gab er die Verabschiedung der beiden Generale bekannt, und 16 weitere wurden in den Ruhestand, 44 auf neue Posten versetzt. Außerdem wurde der konservative Außenminister durch Joachim von Ribbentrop abgelöst, der nichts als ein ergebener Diener seines Herrn und im Gegensatz zu Neurath ein Scharfmacher war. An die Stelle des bisherigen Kriegsministeriums trat das Oberkommando der Wehrmacht, mit General Wilhelm Keitel an der Spitze.*

Als man Hitler sagte, dass Keitel nur zum Bürovorsteher tauge, hieß seine Antwort: «Das ist genau die Art Mann, die ich brauche.» Nicht viel besser stand es mit dem neuen Oberbefehlshaber des Heeres, Walther von Brauchitsch, der sich schon dadurch passend einführte, dass er sich zum Vollzug seiner gerade anstehenden Ehescheidung mit einem größeren Geldgeschenk aushelfen ließ. Hitler soll nach diesen Vorgängen verächtlich gesagt haben, nun wisse er, dass alle Generale feige seien. Das traf gewiss nicht im militärischen Sinne zu, doch umso deutlicher, wenn es darum ging, politische Verantwortung zu übernehmen. In ungewohnter Übereinstimmung hat übrigens Stauffenberg dieses Urteil in den Kriegsjahren bestätigt, als er feststellte, dass Generale und Feldmarschälle ihn zwar anhörten und nickten, wenn er von der Notwendigkeit des Umsturzes sprach, aber sich dem Handeln entzogen. «Die Kerle haben ja die Hosen voll oder Stroh im Kopf, sie wollen nicht», hat er gesagt.*

Im Sommer 1938 spitzte sich die Sudetenkrise zu, und Hitler schien tatsächlich zum Krieg gegen die Tschechoslowakei entschlossen zu sein, sogar auf die Gefahr hin, dass dann England und Frankreich eingriffen. Der Generalstabschef Ludwig Beck äußerte schwere Bedenken und trat zurück, als sie kein Gehör fanden. Zu seinem Nachfolger wurde Franz Halder ernannt. Der sah kaum wie ein preußischer Offizier aus: Eher kurzwüchsig und untersetzt, mit einem Kneifer auf der Nase und Bürstenhaarschnitt, hätte er, als Zivilist verkleidet, in jedem Film glaubwürdig als Oberlehrer oder als Buchhalter auftreten können. Vielleicht war er Hitler – wie der «Bürovorsteher» Keitel – ebendarum willkommen.

Was nun folgte, hat Joachim Fest farbig geschildert und von Halder gesagt: «Er war der Typus des Generalstabsoffiziers alter Schule, korrekt, auf die Sache konzentriert und schnörkellos … Schärfer blickend als die meisten Konservativen seines Zuschnitts und unnachgiebiger in seinen Wertvorstellungen, sah er in Hitler den radikalen Revolutionär, der alles Vorhandene für reif hielt, zerschlagen zu werden. Trotz des Massenjubels, der den Diktator umwogte, verstand er dessen Herrschaft als zutiefst illegitim, weil Hitler, wie er fand, nicht in der Überlieferung stehe: Wahrheit, Moral, Vaterland sowie die Menschen im Ganzen begreife er nur als Instrument seines Machthungers und sei der Anwalt des ‹bösen Prinzips überhaupt›. Seinem strengen, auf Nüchternheit und pedantische Genauigkeit angelegten Wesen [nach] schien er für nichts weniger gemacht als die Rolle eines Verschwörers, und es charakterisiert die ganze Verkehrtheit der Verhältnisse, dass er sich jetzt eben darin wiederfand. Bezeichnenderweise hat er später auch den ‹Zwang zum Widerstand als ein fürchterliches und qualvolles Erleben› beschrieben. Für ein leichtfertiges

Generaloberst Ludwig Beck, bis 1938 Chef des Generalstabs, später einer der Planer des militärischen Widerstandes.

‹Putschieren› war er nicht zu haben und vertrat die Auffassung, dass ein Staatsstreich nur als äußerstes Mittel vertretbar sei.»*

So dachten auch andere Generale. Das Äußerste aber war erreicht, als sie erfuhren, dass Hitler einen Krieg gegen die Tschechoslowakei vom Zaun brechen wollte und damit riskierte, Deutschland in die Katastrophe zu führen. So entwickelte sich – mit Halder – die «Septemberverschwörung»: Unmittelbar vor der Kriegseröffnung sollte ein Staatsstreich den Frieden retten. Der Befehlshaber im Berliner Raum, General Erwin von Witzleben, wurde gewonnen, ebenso der Kommandeur der in Potsdam stationierten Division, Graf Brockdorff-Ahlefeldt. Die 1. Leichte Division, bei der Stauffenberg Dienst tat, sollte der beim bayerischen Grafenwöhr aufmarschierten SS-Leibstandarte «Adolf Hitler» den Weg nach Berlin verlegen. Hauptmann Friedrich Wilhelm Heinz, ein Haudegen der rauen Art, hatte einen Stoßtrupp von etwa 30 Mann zusammengestellt, um mit ihm in die Reichskanzlei einzudringen, die SS-Wachen zu überwältigen und Hitler zu verhaften – oder ihn niederzuschießen. Heinz war zum Niederschießen entschlossen, denn er hielt nichts von den Plänen, den entmachteten Führer vor Gericht zu stellen. Ein angeklagter Hitler, meinte er wohl mit Recht, würde sein Redegenie in die Schlacht werfen und unüberwindlich sein, stärker noch als Witzleben mit einem ganzen Armeekorps.

Die Gelegenheit schien besonders günstig zu sein, weil die Deutschen – wie andere Völker in Europa – sich vor dem Krieg fürchteten. Denn anders als im August 1914 wussten die Menschen, was er bedeutete; das Ende des Ersten Weltkriegs lag ja noch nicht einmal 20 Jahre zurück. Um die Stimmung zu prüfen, ließ Hitler eine motorisierte Division auf ihrem Weg an die tschechische Grenze durch Berlin marschieren. Der amerikanische Journalist William Shirer hat beobachtet, was geschah: «Ich ging an die Ecke Wilhelmstraße – Unter den Linden, in der Erwartung, riesige Menschenmengen zu sehen und Szenen zu erleben, wie man sie mir vom Kriegsausbruch 1914 geschildert hatte, mit Jubelgeschrei und Blumen und küssenden Mädchen ... Aber heute verschwanden die Menschen rasch in der Untergrundbahn, und die paar, die stehen blieben, bewahrten tiefes Schweigen ... Es war die auffallendste Demonstration gegen den Krieg, die ich je erlebte ... Dann ging ich durch die Wilhelmstraße zur Reichskanzlei, wo Hitler auf dem Balkon stand, um den Vorbeimarsch abzunehmen. Dort standen kaum zweihundert Menschen. Hitler machte eine finstere Miene, wurde sichtlich ärgerlich und verschwand bald nach drinnen.»*

Alles hing jetzt bloß davon ab, dass die Westmächte, England voran, standhaft blieben und glaubhaft machten, dass sie einen Angriff auf die Tschechoslowakei mit der Kriegserklärung beantworten würden. Abgesandte des Widerstandes reisten nach London, um die Briten auf diese Standhaftigkeit einzuschwören. Unter ihnen waren Erich Kordt, bis vor kurzem Botschaftsrat in London, jetzt Chef des Ministerbüros im Außenministerium, und Ewald von Kleist-Schmenzin, Gutsbesitzer in Pommern und als urpreußischer Konservativer ein unbeugsamer Gegner Adolf Hitlers.*

Es begann ein zermürbendes Hin und Her; an seinem Ende stand das Münchener Abkommen vom 29. September 1938, in dem die Westmächte Deutschland die Übernahme des Sudetengebietes zugestanden. Die Kriegsgefahr war gebannt. Und während die Menschen dem britischen Premierminister Chamberlain als dem Friedensretter zujubelten, machte Hitler böse Miene zum guten Spiel. Noch kurz vor seinem Ende hat er über Chamberlain und den französischen Ministerpräsidenten Daladier gesagt, dass sie ihm den Krieg stahlen, den er wollte: «Wie Schwächlinge gaben sie allen meinen Forderungen nach. Unter diesen Umständen war es tatsächlich schwierig, einen Krieg vom Zaune zu brechen. Wir haben in München eine einmalige Gelegenheit verpasst, den unvermeidlichen Krieg rasch und leicht zu gewinnen.»*

Unvermeidlich war der Krieg überhaupt nicht, es sei denn in Hitlers Festlegung auf den Eroberungswahn. Und der Wahrheit viel näher kam die bittere Feststellung Carl Goerdelers, einer Führungsfigur des zivilen Widerstandes: «Chamberlain hat Hitler gerettet.» Inzwischen gewannen die Deutschen ihr Vertrauen zum «Führer» zurück: Wieder einmal, gegen alle Wahrscheinlichkeit, hatte er sein Ziel erreicht, ohne dass ein Schuss abgefeuert wurde; er war eben doch der Mann der Vorsehung. Die Septemberverschwörung aber zerfiel, als hätte es sie niemals gegeben, und für lange Zeit konnte vom militärischen Widerstand nicht mehr die Rede sein.

Übrigens haben nicht nur 1938, sondern auch später, sogar noch im Krieg, Mitglieder des Widerstandes versucht, Kontakte mit England zu knüpfen. Doch fast immer stießen sie auf Misstrauen: Wer waren denn diese Leute, wenn nicht Landesverräter? Und niemals sind diese Abgesandten, die Kopf und Kragen riskierten, ermutigt worden. Marion Gräfin Dönhoff, selbst Mitglied des Widerstandes, hat darum bitter von unterlassener Hilfeleistung gesprochen und nachträglich «wenigstens ein Wort des Bedauerns» gefordert, wenn schon keine offizielle Entschuldigung zu erwarten sei.*

Was Chamberlain angeht, so war er ein nüchtern denkender Staatsmann, der auf das Berechenbare statt auf das Unberechenbare setzte. Er hielt Hitler ebenfalls für einen Staatsmann, wenn auch mit schlechten Manieren, der das Beste für Deutschland erreichen wollte. Dass er es mit einem skrupellosen Abenteurer zu tun hatte, dessen Wort oder Unterschrift nichts wert war, überstieg seine Vorstellungskraft.

Erwin von Witzleben, seit 1940 Feldmarschall, war bereits an der Septemberverschwörung von 1938 beteiligt. 1944 sollte er nach dem gelungenen Staatsstreich die Führung der Wehrmacht übernehmen.

Und was wäre geschehen, wenn England und Frankreich Garantien für die Tschechoslowakei abgegeben hätten, wie später für Polen? Hätte dann der Staatsstreich tatsächlich stattgefunden und zum Erfolg geführt? Wir wissen es nicht, denn die Geschichte ist kein

Film, den man zurückspulen und mit anderem Inhalt noch einmal ablaufen lassen kann. Indessen dürfte ein zurückhaltendes Urteil geboten sein. Franz Halder zum Beispiel hat bis zum Herbst 1942 als Generalstabschef Hitler gedient und mit seinem obersten Befehlshaber viele, manchmal erbitterte Konflikte ausgefochten, aber niemals mehr politisch, stets nur als militärischer Fachmann. Nach dem 20. Juli 1944 wurde er verhaftet und in ein Konzentrationslager gebracht. Er überlebte das «Dritte Reich» und hatte danach natürlich ein Interesse daran, seine Entschlossenheit zum Staatsstreich so eindrucksvoll wie möglich darzustellen.

Stauffenberg wusste nichts von den Berliner Umsturzplänen, und wenn er sie gekannt hätte, ist es fraglich, ob er sie gebilligt hätte. Er tat seinen Dienst, und er tat ihn mit Freude. Noch für Jahre sah er bei aller Kritik im Einzelnen in Hitler den berufenen Führer der Nation. In den Wochen der Sudetenkrise gab es natürlich auch bei der Truppe viele Diskussionen. Aber Stauffenbergs Ordonnanzoffizier, Oberleutnant Werner Reerinck, hat berichtet: «Wenn bei diesen Gesprächen oft auch an vielen Dingen der Partei arge Kritik geübt wurde, so kann ich doch keineswegs behaupten, dass hierbei bereits eine Kontraststellung Stauffenbergs zu Hitler und der Partei zutage getreten wäre. Hitler war für Stauffenberg ebenso wie für uns der Kanzler unseres Vaterlandes, dem wir unseren Fahneneid hatten schwören müssen.»*

Aufschlussreicher ist ein Brief Stauffenbergs an den General Georg von Sodenstern vom 13. März 1939. Der General hatte in der «Militärwissenschaftlichen Rundschau» einen Aufsatz über «Das Wesen des Soldatentums» veröffentlicht, und der junge Generalstabsoffizier schrieb ihm dazu:

«Wir können es uns nicht leisten, uns in den rein soldati-

schen, soll heißen rein fachlich beruflichen Bereich zurückzuziehen, wiewohl es angesichts der Lage und der gewaltigen
Wirksamkeit außerhalb unserer Reihen stehender Kräfte, die
das Reich vermehrt und uns scheinbar allein, ohne unser eigenes Zutun, in den Sattel gehoben haben, gerade unsere Besten
zu tun geneigt sind.»

Wer will, mag daraus eine Kritik an der Wehrmachtführung
herauslesen. Stauffenberg fährt fort:

«Soldat sein, und insbesondere soldatischer Führer, Offizier
sein heißt, Diener der Staats, Teil des Staats sein mit all der darin
inbegriffenen Gesamtverantwortung. Das Gefühl für diese darf
nicht verloren gehen. Diese umfassende Auffassung der soldatischen Aufgabe wach zu halten und zu erziehen, scheint mir
heute unsere größte Aufgabe … Wir müssen nicht nur um die
Armee im engeren Sinne zu kämpfen wissen, nein, wir müssen
um unser Volk und um den Staat selbst kämpfen mit dem Be-
wusstsein, dass das Soldatentum und sein Träger, das Offizierskorps, den wesentlichsten Träger des Staates und die eigentliche
Verkörperung der Nation darstellt. – Ich darf hoffen, von Herrn
General nicht, wie naturgemäß oft von anderen, missverstanden
zu werden: Es geht mir nicht um die oder jene Richtung, nicht
um Opposition aus Herkommen oder Erziehung oder Beruf, nur
um das Reich. Denn, wie auch immer man die Dinge drehen
und wenden mag, schließlich wird im großen Kampf, im völki-
schen Entscheidungskampf um Sein oder Nichtsein der Nation
dem Soldatentum die Verantwortung zufallen; ob wir uns heute
‹bescheiden› oder nicht, in den eigentlichen Schicksalsaugen-
blicken wird uns keine politische oder sonstige Organisation
auch nur ein Jota der Verantwortung abnehmen können.»*

Aber diese Verantwortung, die Gesamtverantwortung dem
einen Mann an der Spitze, dem «Führer» Adolf Hitler zu über-
lassen, sich auf die reine fachliche Arbeit zurückzuziehen und

nur Befehle auszuführen: Genau das war das Prinzip, nach dem das «Dritte Reich» funktionierte. Verantwortung zu übernehmen bedeutet allemal, eine Last auf sich zu laden; sie abzuwerfen macht alles viel leichter. Dass *er allein* die Verantwortung tragen werde, war Hitlers *Verheißung,* sein Versprechen an die Deutschen; dafür waren sie dankbar und umjubelten ihn: «Führer befiehl, wir folgen!» Wenn also Stauffenberg meinte, was er dem General von Sodenstern schrieb, dann widersprach er dem Grundelement von Hitlers Herrschaft, wahrscheinlich ohne dass ihm das schon voll bewusst war. Und dann war ihm der Schicksalsweg vorgezeichnet, der ihn früher oder später in die Verschwörung und zum Staatsstreich führen musste.

Am 1. September 1939 eröffnete Hitler den Krieg, der als Zweiter Weltkrieg in die Geschichte einging. Die 1. Leichte Division marschierte von Schlesien aus nach Polen ein, stieß sehr schnell sehr weit vor, wurde in schwere Kämpfe verwickelt, und der «Ib» Stauffenberg hatte alle Hände voll damit zu tun, den Nachschub zu sichern. Eindrücke vom Geschehen vermitteln wenigstens von fern die Briefe, die er seiner Frau schrieb:

«Der unglaublich schnelle Vormarsch macht mir Schwierigkeiten in der Versorgung der Truppe. Man lebt von der Hand in den Mund.» (13. September)

«Aus der Ruhe ist natürlich nichts geworden. In aller Eile wurden wir herausgezogen, um nördlich der Pilica gegen einige eingeschlossene Divisionen eingesetzt zu werden, die durchzubrechen versuchen. Die vorletzte Nacht habe ich so um die Ohren geschlagen. Die Versorgung macht bei dem dauernden Hin und Her unglaubliche Schwierigkeiten.» (16. September)

«Die letzte Woche war für meine Division noch höchst ereignisreich und verlustreich … Wir stießen unmittelbar am Westrand Warschaus zur Weichsel durch und hatten in den folgen-

Stauffenberg im Polenfeldzug, 1939.

den Tagen sehr schwere Kämpfe erst an zwei, dann drei Fronten zu bestehen ... Für die Führung eine rechte Nervenprobe. Trotz dieser verworrenen Verhältnisse haben wir noch Tausende von Gefangenen gemacht.» (23. September)*

Gleich nach dem Polenfeldzug wurde die Division wieder nach Westen verlegt. Stauffenberg erfuhr darum wenig oder nichts von dem Wüten von Einsatzgruppen der SS, das dem Sieg folgte. Es hatte zum Ziel, die polnische Oberschicht auszurotten; die übrige Bevölkerung sollte – willenlos, wie man meinte – in den Dienst der deutschen Herrenmenschen gestellt werden.

Inzwischen wurde Stauffenbergs Einheit zur 6. Panzerdivision umgerüstet. Am 10. Mai 1940 trat sie als eine der Speerspitzen des deutschen Heeres zum Angriff gegen Frankreich an. Obwohl man es diesmal mit einem hoch gerüsteten Feind zu tun bekam, marschierte man noch schneller vorwärts als in Polen, weil der Kampfwille der ruhmreichen französischen Armee fast von Anfang an gebrochen war. Vom Siegesbewusstsein spürt man etwas im Brief vom 18. Mai:

«Ob du wohl die Spuren verfolgen konntest? Über Eifel, Ardennen, Maas, Oise und heute Somme? Es ist ein unerhörter Vormarsch, eine wirkliche Invasion, ein unaufhaltsames Weiterstoßen, demgegenüber die Franzosen nicht einmal den guten Willen zum Kämpfen gezeigt haben. Sie ergeben sich zu Tausenden und fluten dann ganz unbewacht nach Osten ... Wir müssten aufhören zu kämpfen, wollten wir die Gefangenen auch nur einigermaßen bewachen und abtransportieren ... Uns geht es köstlich ... Sehr wenig Schlaf, der heute Nacht etwas nachgeholt werden konnte. Viel sehr guter Rotwein, weißer Burgunder und Sekt.»*

Von der Tätigkeit des «Ib» heißt es im Bericht eines Augenzeugen: «Stauffenberg, groß, schlank und beweglich, ein Mann von ausgesprochenem persönlichen Charme, empfing uns mit echter, strahlender Liebenswürdigkeit, sorgte, dass jeder ein Glas zu trinken bekam, eine Zigarette, eine Pfeife Tabak. Er informierte, fragte, forschte nach scheinbar nebensächlichen Dingen, gab die neuesten Anekdoten zum Besten, die aus dem Raum zwischen Aufklärungsabteilung und Feldbäckereikolonne der Division zu berichten waren, sprang von einem Thema zum anderen, unterbrach jedes Gespräch, um zunächst einmal den zuletzt ins Zimmer Getretenen anzuhören und auszuforschen. So verging Viertelstunde um Viertelstunde und noch immer war keine unserer Fragen entschieden, bis dann, ganz und gar unkommissig und durchaus zwanglos, die Worte fielen: Ja, ich denke, wir machen das jetzt so … Und nun gab Stauffenberg, die Linke in der Hosentasche, die Rechte am Weinglas, gedankenvoll durchs Zimmer gehend, bald hier, bald da stehen bleibend, dann wieder zur Karte greifend, den Quartiermeisterbefehl in allen Einzelheiten. Er sprach nicht ‹schulgerecht›, wie man es vom Generalstäbler erwartet, das Schema lag ihm nicht, genügte ihm nicht. Auch fiel ihm das Formulieren durchaus nicht leicht, und das, was er sagte, war weit entfernt von einem flüssigen, ‹schreibfertigen› Befehlsdiktat – aber was er da an sorgfältig ausgewogenen Überlegungen und Dispositionen entwickelte, war im Sachlichen ‹fertig› und vollkommen.»

Gänzlich unvermutet wurden die Panzerverbände für einige Tage angehalten – was dann den Briten das «Wunder von Dünkirchen», das Entkommen der Masse ihrer Armee aus der sonst sicheren Vernichtung ermöglichte. Aus dieser Ruhezeit hat ein Offizier über Stauffenberg berichtet: «Unvergleichliche Erinnerungen waren jene abendlichen Gespräche zu dritt oder zu viert in den Quartieren bei St. Omer. Immer wieder war bewundernswert, über welche Fülle von Einsichten, über welch gereiftes Urteil der damals Zweiunddreißigjährige verfügte, wie viel er dank seiner genialen Begabung wusste. Diskussionen von einem ähnlich hohen Niveau habe ich weder vorher noch nachher je erlebt. Verehrt und bewundert von Kameraden, Mitarbeitern und Untergebenen, geschätzt von allen Vorgesetzten, denen er, seines Wertes und seiner Würde voll bewusst, mit schönem Freimut und ohne jede Spur von Servilismus [Unterwürfigkeit] gegenübertrat, stets und in jeder Lage befähigt, den rechten Ton zu treffen, die passende Form zu finden: So war er, strahlend und schön wie Alkibiades, ‹angenehm vor den Menschen› und wahrhaft, wie es später einmal einer aus dem Kameradenkreis sagte, ‹ein Liebling der Götter›.»*

Am 26. Mai wurde Stauffenberg aus seiner Stellung bei der 6. Panzerdivision abberufen und in den Generalstab des Heeres versetzt, eine höchst ungewöhnliche Maßnahme mitten im Feldzug. Aber offenbar brauchte man ihn im Oberkommando noch dringender als bei seiner frontnahen Verwendung. Am Tag vor der französischen Kapitulation am 22. Juni schrieb er an seine Frau:

«Heute in einer Woche jährt sich der Tag des Versailler Vertrages. Welche Veränderung in welcher Zeit! Neben Triumph und Freude ist da unvermeidbar die Überschau über die Jahrzehnte, die wir miterlebten, mit dem Wissen, wie wenig Endgültiges es gibt, und dass die schroffste Umwandlung, ja Umkehr wahrscheinlicher ist als das Beharren auf nur wenige Jahre. Wenn wir das unseren Kindern beibringen, dass nur der dauernde Kampf, das dauernde Streben nach Veränderung vor dem Untergang rettet – dies umso mehr, je größer das schon Erreichte ist – und dass Beharren, Erhalten und Tod identisch sind, dann haben wir den größten Teil unserer nationalen Erziehungspflicht geleistet.»*

«Unternehmen Barbarossa» oder Der Wendepunkt des Krieges

Im Generalstab des Heeres

Im Ersten Weltkrieg hatte die Schicksalsfront immer im Westen gelegen. Darum gehörte es zu den deutschen Erinnerungen wie zu den Vorstellungen von der Zukunft, dass der Sieg über Frankreich mit dem Sieg im ganzen Krieg gleichzusetzen sei. Der «Führer» erließ einen Aufruf:

«Deutsches Volk! Deine Soldaten haben in knapp sechs Wochen nach einem heldenmütigen Kampf den Krieg im Westen gegen einen tapferen Gegner beendet. – Ihre Taten werden in die Geschichte eingehen als der glorreichste Sieg aller Zeiten. – In Demut danken wir dem Herrgott für seinen Segen. – Ich befehle die Beflaggung des Reiches für zehn, das Läuten der Glocken für sieben Tage. Führerhauptquartier, 24. Juni 1940. Adolf Hitler.»

Ein Kameramann hat Aufnahmen gemacht, die den «Führer» bei einer Art von Siegestanz zeigen. Niemand, nicht einmal er selbst, hatte einen so schnellen und vollkommenen Triumph erwartet. Passend zum größten Sieg aller Zeiten kam die Rede vom «größten Feldherrn aller Zeiten» in Umlauf, zuerst wohl vom Bürovorsteher Keitel verbreitet. (Später, als die Niederlagen sich häuften, wurde daraus die höhnische Abkürzung «Gröfaz».) Doch Hitler selbst begann an sein Feldherrngenie zu glauben. War er es denn nicht, der gegen alle Bedenken der obersten Heeresführer den vom General Erich von Manstein entworfenen Angriffsplan, den «Sichelschnitt», durchgesetzt hatte, der die französische Armee zertrümmerte?

Entsprechend die Siegesrede vom 19. Juli im Reichstag. Kaum genug konnte Hitler die Heldentaten rühmen, die vollbracht worden waren; gleich im Dutzend wurde Generale zu Feldmarschällen befördert. Und erst gegen Ende der Rede hieß es wie nebenher und sehr von oben herab: «In dieser Stunde fühle ich mich verpflichtet, vor meinem Gewissen noch einmal einen Appell an die Vernunft auch in England zu richten. Ich glaube dies tun zu können, weil ich ja nicht als Besiegter um etwas bitte, sondern als Sieger nur für die Vernunft spreche. Ich sehe keinen Grund, der zur Fortführung dieses Kampfes zwingen könnte.»*

Aber die Briten dachten nicht ans Aufgeben. Sie mobilisierten jetzt alle ihre Kräfte und kämpften unter der Führung Winston Churchills verbissen weiter. Es erwies sich, dass sie keineswegs am Ende waren, und in den folgenden Monaten häuften sich nicht etwa für sie, sondern für Deutschland die Rückschläge. Die Luftwaffe erlitt in der Luftschlacht um England eine Niederlage; das «Unternehmen Seelöwe» – die Landung in England – wurde darum gar nicht erst versucht. Die Italiener, die sich noch in den letzten Tagen des Frankreichfeldzuges herbeigeschlichen hatten, um an der Beute teilzuhaben, zeigten sich als schwache Verbündete. In Nordafrika sahen sie sich bald zu einem Rückzug über Hunderte von Kilometern gezwungen, und im Krieg gegen Griechenland, den sie ganz ohne Not vom Zaun brachen, drangen sie nicht nach Athen, sondern die Griechen in den albanischen Brückenkopf der Italiener auf dem Balkan vor. Es war abzusehen, dass man ihnen zu Hilfe kommen musste, wenn sie nicht zusammenbrechen sollten, und dass man damit die eigenen Kräfte zersplitterte. Inzwischen versorgten die Vereinigten Staaten England in immer steigendem Maße mit Waffen und Ausrüstung, bald auch ohne Bezahlung.

Was nun? Hitler fasste einen neuen, seinen *eigentlichen*

Krieg ins Auge, den, der im Osten zur Eroberung von «Lebensraum» führen und sein Reich, fortan mit Lebensmitteln und Rohstoffen reichlich versorgt, unangreifbar machen sollte. Alle Welt – westliche Generalstäbe eingeschlossen – glaubte an einen leichten und schnellen Sieg. Dazu trugen wieder die Schattenspiele der Erinnerungen bei. Im Ersten Weltkrieg hatte Deutschland im Osten sozusagen mit der linken Hand gesiegt, während die Masse des Heeres stets im Westen gefesselt blieb. Außerdem hatte Russland im Winter 1939/40 einen Feldzug gegen Finnland geführt und sich dabei gründlich blamiert. Das kleine Finnland hielt monatelang stand und fügte der Roten Armee große Verluste zu. So begann am 22. Juni 1941 das «Unternehmen Barbarossa», der Feldzug gegen die Sowjetunion*, und nach den Anfangserfolgen notierte sogar ein sonst nüchterner Mann wie der Generalstabschef Halder: «Es ist wohl nicht zu viel gesagt, wenn ich behaupte, dass der Feldzug gegen Russland innerhalb von vierzehn Tagen gewonnen wurde.» Am 17. Juli hieß es allerdings auch schon: «Major Graf Stauffenberg berichtet sehr aufschlussreich über Besuch bei der Gruppe Guderian [einer Panzerarmee]. Eigenart der Durchbruchskämpfe und Anforderung an die Wendigkeit der schnellen Verbände. Starke Beanspruchung der Truppe. Gefechtskraft nimmt allmählich ab.» Und dann am 11. August: «Das, was wir jetzt machen, sind die letzten verzweifelten Versuche, die Erstarrung im Stellungskrieg zu vermeiden ... Unsere letzten Kräfte sind ausgegeben ... In der gesamten Lage hebt sich immer deutlicher ab, dass der Koloss Russland ... von uns unterschätzt worden ist.»

Niemand hatte offenbar an die Tiefe des Raumes gedacht. Bei Feldzügen wie in Frankreich bedeutete ein Vordringen um vier- bis fünfhundert Kilometer schon den Sieg, weil für den Feind keine Rückzüge mehr möglich waren, die ihm Zeit zur Erholung ließen. In Russland gab es danach immer noch riesige Raumreserven, und von einer gewissen Entfernung an musste jedes weitere Vordringen mit wachsenden Schwierigkeiten bezahlt werden. «Vor uns kein Feind und hinter uns kein Nachschub» hieß einmal eine berühmte Meldung. Außerdem konnten sich hinter der vorrückenden Front bald Partisanenbewegungen entwickeln, die nicht mehr unter Kontrolle zu bringen waren. In der Anfangsphase hat die sowjetische Führung allerdings den Fehler gemacht, den Kampf in der Grenznähe anzunehmen, statt die Tiefe des Raumes zu nutzen, wie im Jahre 1812 das russische Heer gegen Napoleons Große Armee. Sie hat das mit schrecklichen Verlusten bezahlt, die dann die deutsche Siegesgewissheit weckten oder verstärkten.

Noch wichtiger für den Ausgang des Krieges war jedoch etwas anderes. Im Vorfeld des Feldzugs, am 30. März 1941, hielt Hitler vor hohen Offizieren eine lange Rede, um sie auf den *ganz anderen Krieg* einzuschwören, der im Osten geführt werden sollte. Halder notierte: «Kampf zweier Weltanschauungen gegeneinander. Vernichtendes Urteil über den Bolschewismus, ist gleich asoziales Verbrechertum. Kommunismus ungeheure Gefahr für die Zukunft. Wir müssen von dem Standpunkt des soldatischen Kameradentums abrücken. Der Kommunist ist vorher kein Kamerad und nachher kein Kamerad. Es handelt sich um einen Vernichtungskampf ... Vernichtung der bolschewistischen Kommissare und der kommunistischen Intelligenz ... Das ist keine Frage der Kriegsgerichte ... Der Kampf wird sich sehr unterscheiden vom Kampf im Westen. Im Osten ist Härte mild für die Zukunft.» Nachfolgende Befehle machten den Vernichtungswillen konkret.*

Als Ulrich von Hassell, bis 1938 Botschafter in Rom, von Hitlers Rede und den ausbleibenden Reaktionen der Generale erfuhr, schrieb er in sein Tagebuch: «Es steigen einem die Haare zu Berge … Mit dieser Unterwerfung unter Hitlers Befehle opfert Brauchitsch [der Oberbefehlshaber des Heeres] die Ehre der deutschen Armee.»* Aber noch schlimmer: Den Heeren folgten «Einsatzkommandos» der SS, die mit der systematischen Judenvernichtung begannen, und auch die Kriegsgefangenen ließ man in Massen erschießen oder verhungern. Es handelte sich um elementare Verstöße gegen Grundregeln des Völkerrechts, wie sie in der Haager Landkriegsordnung von 1907 und der Genfer Kriegsgefangenenkonvention von 1929 festgeschrieben und auch von Deutschland bestätigt worden waren. Alle Soldaten und natürlich besonders die Offiziere der Wehrmacht kannten diese Rechtsregeln des Krieges.

Verzweifelt fragt man sich: Wie war es möglich, dass die Generale die Ehre opferten und damit zugleich auch auf ihrem ureigenen Feld versagten? Wollten sie etwa nicht den Sieg erringen? Warum geriet ihre Unterschätzung des Gegners ins kaum noch Begreifbare? Und war denn nicht abzusehen, dass eine barbarische Kriegführung den feindlichen Widerstand massiv verstärkte, statt ihn zu brechen? Oder dass die Soldaten der Roten Armee bis zum Äußersten kämpften, statt sich zu ergeben, sobald sie wussten, dass sie in der Gefangenschaft kaum eine Überlebenschance hatten?*

In Kriegszeiten erlebt jeder nur das, was in seiner unmittelbaren Umgebung geschieht. Weil die offiziellen Berichte unzuverlässig sind und in der Regel schönfärberisch daherreden, ist man aufs Hörensagen angewiesen. Darum wuchern die Gerüchte. Claus Stauffenberg aber, im April 1941 zum Major befördert, befand sich seit seiner Versetzung in den Generalstab des Heeres genau an der richtigen Stelle, um einen Überblick zu gewinnen.* Was er da hautnah miterlebte, waren der Verlauf und das Scheitern des «Unternehmens Barbarossa». Bevor wir aber darauf eingehen, seien zwei Bilder gezeichnet. Sie sprechen von Stauffenbergs Tätigkeit und von dem Eindruck, den er auf andere machte. Das erste Bild stammt vom Freiherrn von Thüngen, einem Regimentskameraden aus der Bamberger Zeit:

«Ich habe die Tür von Claus nie geöffnet, ohne ihn am Fernsprecher anzutreffen, vor Stößen von Papier, die Linke am Hörer, die Rechte mit dem Bleistift bewaffnet, die Akten wendend. Mit lebhafter Miene, je nach dem Gesprächspartner lachend (ohne das ging's eigentlich nie) oder schimpfend (auch das fehlte selten) oder befehlend oder dozierend, gleichzeitig aber schreibend, entweder nur die großen, raumgreifenden Buchstaben der Unterschrift oder die kurzen, auffallend präzisen Aktenvermerke. Neben ihm meist der Schreiber, der in Wartepausen in fliegender Eile Aktenvermerke, Briefe, Notizen aufnimmt, nicht dass Claus vergessen hätte, das so peinlich eingehaltene Beiwerk eines hohen Stabes (Briefkopf, Betreff, Bezug) pedantisch genau zu diktieren. – Claus gehörte zu den Menschen, die gleichzeitig mit aller Konzentration mehrere Arbeiten erledigten. In erstaunlichem Maße hatte er die Fähigkeit, Akten zu erarbeiten, d. h. zu lesen und Wesentliches vom Unwesentlichen mit einem Blick zu trennen, bei seiner Arbeit ein ungeheurer Vorteil. – Ebenso erstaunlich und auffallend waren seine Konzentrationsfähigkeit, die Klarheit seiner Ausdrucksweise und die blitzartigen, den Nagel auf den Kopf treffenden Zwischenbemerkungen, die seinen Partner nicht selten in Verwirrung brachten. – Bei meinen Besuchen hatte er meist einen zwölf-, auch vierzehn- bis achtzehnstündigen Arbeitstag … hinter sich. Sein Arbeitstempo, seine Konzentration waren eisern, in diesen Nachtstunden so frisch wie am Morgen. Seine Nerven und seine Gesundheit, die er gewiss nicht schonte (er rauchte, was es gab, trank, soweit er Zeit hatte, er ritt beinahe jeden Morgen vor dem Dienst, er schlief wenig) waren beneidenswert.»

Stauffenberg und Mertz von Quirnheim, 1942.

Das zweite Bild stammt von Ulrich de Maizière, später einer der Reformer der Bundeswehr: «Jeder, der ihn kennen lernte, besuchte ihn gern wieder, wenn er seinem Herzen Luft machen wollte. Nicht nur gleichaltrige oder ranggleiche Offiziere, selbst Generäle, die von der Front oder vom Ersatzheer zum Generalstab kamen, suchten häufig die Gelegenheit, sich mit ihm zu unterhalten. Kam Stauffenberg zu spät zum Essen, hieß es sofort: ‹Da weint sich wieder ein General bei ihm aus.› Es strömten Dinge auf ihn zu, die ihm eigentlich seiner Kompetenz nach gar nicht zukamen. Dass er damit gegen eine hitlersche Verfügung verstieß, kümmerte ihn nicht. Interessierte ihn etwas, dann beschäftigte er sich damit, selbst wenn es seinen formalen Zuständigkeitsbereich überschritt. Was ihn für seine Gesprächspartner so anziehend machte, war sein klares, niemals voreiliges Urteil, sein Mut zur Offenheit und seine Fähigkeit, für jeden Besucher Zeit zu haben und ihm in Ruhe zuzuhören.»*

Das Scheitern des Eroberungskrieges hatte viele Ursachen; nur ein paar Stichworte seien genannt.

Es gab in der deutschen Führung einen heillosen Kompetenzwirrwarr. Von Hitler wurde er eher noch gefördert, weil sein Instinkt ihm dazu riet. Wie Sebastian Haffner gesagt hat: «Er wollte nicht der erste Diener seines Staates sein, sondern der Führer – ein absoluter Herr; und er erkannte richtig, dass absolute Herrschaft nicht in einem intakten Staatswesen möglich ist, sondern nur in einem gebändigten Chaos. Deswegen ersetzte er von Anfang an den Staat durch ein Chaos – und man muss ihm zugestehen, dass er es, solange er lebte, zu bändigen verstand.»* Aber die Reibungsverluste, die sich damit entwickelten, waren enorm und unter Kriegsbedingungen verhängnisvoll. Noch vor Beginn des Russlandfeldzuges hat Stauffenberg sarkastisch angemerkt: «Unsere Kriegsspitzengliederung ist noch blöder als die befähigtsten Generalstabsoffiziere sie erfinden könnten, wenn sie den Auftrag bekämen, die unsinnigste Kriegsspitzengliederung zu erfinden.»

Die deutsche Angriffskraft verlief sich trotz aller Anfangserfolge, zerfaserte in der Weite des Raumes. Die Soldaten wurden von einem Einsatz in den anderen geworfen und kamen nicht mehr zur Ruhe. Um einen Vergleich zu gebrauchen: Dem durchtrainierten Athleten macht ein Marathonlauf nicht viel aus. Aber er wird heillos überfordert und bricht schließlich zusammen, wenn er diesen Lauf Tag um Tag wiederholen soll, Monate hindurch.

Die Verluste wuchsen wie der Verschleiß des Materials, und der Ersatz blieb weithin aus. In einem Brief von Stauffenbergs ehemaligem Divisionskommandeur von Loeper hieß es: «Lieber Stauff! Man ist auf dem besten Wege, unsere Panzer-Corps – jedenfalls unseres bestimmt – zu Tode zu hetzen wie Murat 1812 seine prachtvolle Kavallerie, während der Russe die seine reorganisiert u. frisch erneut in den Kampf führt. Ein Kind muss u. all. Umst. sein Spielzeug kaputt machen!»*

Wie bei Loeper war es überall. Ende März 1942 verfügten die 16 deutschen Panzerdivisionen insgesamt noch über 140 einsatzfähige Panzer – weniger, als eigentlich zum Bestand einer einzigen Division gehörten. Ende April 1942 hatte das Ostheer 1 167 835 Mann verloren, reichlich ein Drittel der Stärke, über die es beim Beginn des Feldzuges verfügte. Und so immer weiter. Am 1. November 1942, noch vor der Einschließung und Vernichtung der 6. Armee in Stalingrad, gab es beim Ostheer einen Fehlbestand von 800 000 Mann; allein im August 1942 überstiegen die Verluste den Ersatz um 170 000 Mann. Bei der Auffüllung seiner Verbände und der Versorgung mit Material wurde das Heer bewusst zugunsten der Waffen-SS vernachlässigt, die immer neue Divisionen aufstellte. Ebenso wurden Luftwaffenfelddivisionen bevorzugt, die Görings Ehrgeiz aus dem Boden stampfte. Aber weil ihre Kommandeure und Offiziere nichts vom Erdkampf verstanden, erreichten sie wenig und erlitten unverhältnismäßig hohe Verluste.

Auf der Gegenseite überraschten die Russen nicht nur durch ihre ständig wachsende Kampfmoral, sondern auch waffentechnisch. Ihrem Standardpanzer T 34 hatte die Wehrmacht zunächst nur wenig entgegenzusetzen, ihre Raketenwerfer waren als «Stalinorgeln» berühmt und gefürchtet, und ihre Infanterie verfügte in wachsendem Maße über Maschinenwaffen, während die Mehrheit der deutschen Soldaten sich noch immer mit dem Karabiner begnügen musste, mit dem ihre Väter schon 1914 in den Krieg gezogen waren.

Zur Groteske und zur Tragödie zugleich entwickelte sich die Winterausrüstung der Wehrmacht. Hitler, vom «Blitzsieg» überzeugt, verbot das «Gerede» von einem Winterfeldzug. Ein Vorschlag vom Anfang September, ausreichend Vorsorge zu treffen, wurde ebenso schroff zurückgewiesen. Umso verheerender wirkte dann der Wintereinbruch, der das Heer nicht in vorbereiteten Stellungen, sondern in der Bewegung auf freiem Feld überfiel. Abertausende erlitten schwere Erfrierungen, und die Auszeichnung, die dann für die Teilnahme am Winterkrieg verliehen wurde, hieß angemessen bald nur noch «Gefrierfleischorden». Sogar die Motoren versagten den Dienst, weil ihr Schmieröl allenfalls für mitteleuropäische, nicht aber für russische Kältegrade geeignet war.

Am 21. Dezember 1941 erging ein Aufruf Hitlers zur «Woll- und Pelzsachensammlung», in dem es hieß: «Wenn nun das deutsche Volk seinen Soldaten anlässlich des Weihnachtsfestes ein Geschenk machen will, dann soll es auf das verzichten, was an wärmsten Bekleidungsstücken vorhanden ist und während des Krieges entbehrt werden kann, später aber, im Frieden, jederzeit ohnehin wieder ersetzt werden kann. – Denn was auch die Führung der Wehrmacht und der einzelnen Waffen an Winterausrüstung vorgesehen haben, jeder Soldat würde um vieles mehr verdienen. – Hier kann die Heimat helfen!»*

Ach, wirklich? Man stelle sich das genau vor. Die Wintersachen mussten ja erst einmal gesammelt, sortiert und zurechtgeschneidert, schließlich bei ohnehin versagendem Nachschub an die Front transportiert werden. Wenn alles glatt ablief, trafen sie dort vielleicht im Frühjahr zur Schneeschmelze ein.

Infames kam hinzu: Am 19. Dezember übernahm Hitler selbst den Oberbefehl über das Heer und entließ den Feldmarschall Walther von Brauchitsch.* Der war gewiss kein überragender Feldherr und jetzt ein kranker Mann; schon im November hatte er einen schweren Herzanfall erlitten. Das aber wurde verschwiegen, sodass der Eindruck kaum vermeidbar (und gewollt) war, der Führer habe offenbar eingegriffen, weil der bisherige Befehlshaber in seiner Fürsorgepflicht für die Truppe versagte.

Schließlich, aber nicht zuletzt entstand bei Stauffenberg und anderen Wehrmachtoffizieren schon früh die Vorstellung, dass man den Krieg in Russland nur gewinnen könne, wenn man dort einheimische Kräfte mobilisierte und sie zu Verbündeten machte. Dafür bestand anfangs durchaus eine Chance; viele Menschen und ganze Völker in der Sowjetunion hassten die stalinistische Gewaltherrschaft. Aber natürlich setzte solch ein Bündnis voraus, dass man diese Menschen und Völker anständig und großzügig behandelte, statt sie zu verachten und rücksichtslos auszuplündern.

Hitler verriegelte sich gegen solche Pläne, von ganz geringen Zugeständnissen abgesehen, bis es zu spät war, weil sie dem Eroberungs- und Unterwerfungskrieg, seinem Wahn von der germanischen «Herrenrasse» und den slawischen «Untermen-

Ein Beileidsbrief Stauffenbergs an die Mutter seines gefallenen
Freundes Henning von Blomberg, 25. Dezember 1942.

schen» widersprachen. Als die Heeresgruppe Mitte im Herbst 1941 die Aufstellung einer russischen «Befreiungsarmee» vorschlug, hieß Keitels Antwort: «Politische Dinge gehen die Heeresgruppe grundsätzlich nichts an. Solche Gedanken sind außerdem für den Führer indiskutabel.» Hitler selbst sagte am 6. August 1942: «Lächerliche hundert Millionen Slawen werden wir absorbieren oder verdrängen. Wenn einer hier von Betreuen spricht, den muss man gleich ins KZ stecken.»* *Verdrängen:* Ähnlich hatte Hitler schon in «Mein Kampf» vom *Entfernen* der Juden gesprochen, und es lief aufs Gleiche hinaus. Denn die eroberten Gebiete sollten ja zum deutschen Siedlungsraum werden.

Bei der Aufzählung der Fehler und Versäumnisse darf man sich freilich nicht in den Irrglauben verlieren, dass eine bessere Führung den «Endsieg» hätte herbeizwingen können. Mit dem Kampf gegen die Sowjetunion, Großbritannien und die Vereinigten Staaten – denen Hitler, um ihnen zuvorzukommen, am 11. Dezember 1941 auch noch selbst den Krieg erklärte – wurden die deutschen Kräfte hoffnungslos überspannt. Die nachträgliche Klage des Feldmarschalls Erich von Manstein über «verlorene Siege» ist abwegig.* Allenfalls wäre die Niederlage hinausgezögert worden, wahrscheinlich um den Preis noch größerer Menschenverluste und Zerstörungen.

Eine Frage der Ehre

Der Weg in den Widerstand

Wann eigentlich, unter welchen Umständen, fassen Menschen Entschlüsse, die ihr Leben verändern? Vorweg heißt die Antwort: Die meisten tun es überhaupt nicht; sie stehen einfach nur still oder gehen vorwärts auf den vorgezeichneten Wegen. Manchmal aber erfolgt die Wendung ganz plötzlich, wie ein Blitzschlag aus heiterem Himmel, ohne jedes äußerlich erkennbare Vorzeichen. Oder unter erschütternden Eindrücken, dem knappen Überleben eines Unfalls, einer Krankheit, der schicksalsbestimmenden Begegnung mit einem anderen Menschen.

Bei Stauffenberg ist nur sicher, dass es sich bei seinem Entschluss zum Widerstand um keine Entscheidung von einem Tag auf den anderen handelte, sondern um ein langsames Heranreifen, sodass jede Festlegung auf ein Datum sich als unmöglich erweist. Im Blick auf Hitlers Herrschaft war er kein Gegner von Anfang an, sondern bewegte sich lange im Grenzbereich zwischen grundsätzlicher Zustimmung und der Kritik im Einzelnen. Die verschärfte sich allerdings im Laufe der Zeit und besonders im Krieg. So hören wir im Jahre 1941 von der «braunen Pest», mit der man aufräumen müsse – aber nicht jetzt, sondern später. «Zuerst müssen wir den Krieg gewinnen.»* Dabei wusste er etwas vom Wüten der «Einsatzgruppen» hinter der Front und von der Tötung der Juden.

«Wie war es fühlenden Menschen möglich, angesichts der Massenmorde sich auf die Vormerkung späteren Handelns zu beschränken?», fragt Peter Hoffmann und sagt: «Der empörte Generalstabsoffizier musste abwägen, was er gegen die Zustände unternehmen konnte, ohne seiner Aufgabe untreu zu werden, von der ebenfalls Menschenleben abhingen.»* Im Übrigen hätte ein «ultimativer Protest» sich mit der Aussicht auf Erfolg nirgendwo hinwenden können.

Nein, natürlich nicht. Solch ein Protest hätte überhaupt kein Echo gefunden; niemand, keine Zeitung und kein Rundfunk, hätte von ihm berichtet, es sei denn weitab die britische Broadcasting Corporation. Er hätte nur ins Konzentrationslager oder in den Tod geführt; schließlich war Stauffenberg kein Bischof von Münster, hinter dem eine ganze Kirchenprovinz stand.

Und doch erscheint Hoffmanns Antwort als allzu bequem. Richtig muss sie heißen: Stauffenberg war zunächst und vor allem ein Patriot in dem Sinne, dass er auf den Sieg setzte, solange das möglich schien. Sein Gesinnungswandel begann erst, als er erkannte, dass Hitler Deutschland nicht zu diesem Sieg, sondern in die Niederlage, in den Abgrund führte. Das geschah im Laufe des Jahres 1942, besonders in der zweiten Jahreshälfte. Da hört man dann, dass Hitler «ein Narr und Verbrecher» sei. Oder: «Wir müssen mit dieser Gesellschaft Schluss machen.» Und: «Hitler ist der eigentlich Verantwortliche; eine grundsätzliche Änderung ist nur möglich, wenn er beseitigt wird. Ich bin bereit, es zu tun!»* Auch der Bruder Alexander hat den Zeitpunkt bestätigt: «Seinen Eintritt in die Reihen der Widerstandsbewegung hat Stauffenberg sehr spät vollzogen, dann aber mit dem für ihn kennzeichnenden Triebe, unter allen Umständen zu handeln, und seit dem Jahr 1942 hören wir von der in den Armee- und Heeresgruppenstäben aufrüttelnden Stimme des damals in der Organisationsabteilung des Hauptquartiers tätigen Offiziers.»*

94

Es war Stauffenbergs Art, sich drastisch zu äußern. Folgerichtig sprach sich unter den Eingeweihten bald herum, wessen Geistes Kind er jetzt war, und es grenzt an ein Wunder, dass er nicht denunziert worden ist. Dabei konnte er nur ohnmächtig zusehen, wie das Verhängnis seinen Lauf nahm; er hatte keinen Zutritt zum Führerhauptquartier, um dort womöglich die Pistole zu ziehen und Hitler zu erschießen. Der «Führer» zeigte sich seinem Volk und seinen Soldaten kaum noch; je länger der Krieg dauerte, desto mehr verschanzte und vergrub er sich in diesen Hauptquartieren. Seine «Wolfsschanze» zum Beispiel, obwohl vom «Mauerwald», also von Stauffenbergs Arbeitsplatz im Oberkommando des Heeres, nur wenige Kilometer entfernt, glich einer Festung, von Minengürteln und Stacheldrahtverhauen umgeben, sorgsam bewacht und in mehrere Sperrkreise unterteilt. In den innersten gelangte man nur mit besonderer Genehmigung.* Es ist auch nicht bekannt, dass Hitler jemals Ausflüge unternommen hätte, um die Schönheiten Masurens zu genießen, oder dass er vom nahen Lötzen oder von Nikolaiken aus zu Dampferfahrten auf dem Mauer- und dem Spirdingsee aufgebrochen wäre. Ohnehin mochte er die östliche Landschaft nicht, in die er sich selbst verbannt hatte.

Stauffenberg konnte also nichts tun, und darum bemühte er sich um eine Versetzung zum Truppengeneralstab. «Dies ist eine Flucht an die Front», sagte er einem Vertrauten. Als er schließlich dort ankam, gestand er seinem Divisionskommandeur, der Boden in Deutschland sei ihm «langsam etwas zu heiß» geworden.

Stauffenberg, am 1. Januar 1943 zum Oberstleutnant befördert, wurde als «Ia» zur 10. Panzerdivision in Nordafrika versetzt und traf am 14. Februar auf ihrem Gefechtsstand ein. Der Untergang der 6. Armee in Stalingrad, den Hitlers Starrsinn verursachte, lag nur zwei Wochen zurück, doch in Afrika sah es kaum

Stauffenberg mit seinem Divisionskommandeur, Generalmajor
Friedrich Freiherr von Broich, in Afrika.

besser aus. Am 23. Oktober 1942 hatte eine weit überlegene englische Armee beim ägyptischen El Alamein den Angriff eröffnet, und nur Rommels Entschluss zum Rückzug – gegen Hitlers Befehl – rettete das Afrikakorps vor der Vernichtung. Am 7. und 8. November landeten amerikanische und britische Verbände in Marokko und Algerien. Jetzt, drei Monate später, ging es bloß noch um die Verteidigung eines Brückenkopfes in Tunesien. Die 10. Panzerdivision wurde als «Feuerwehr» von einem Einsatz in den anderen geworfen. Sie erzielte Erfolge, erlitt aber auch hohe Verluste. Verheerend wirkte sich besonders die feindliche Luftüberlegenheit aus; jede Fahrzeugbewegung verriet sich durch die Staubfahnen, die sie entwickelte, und ständig musste man mit dem Angriff von Tieffliegern rechnen. So war das Ende unvermeidbar. Am 13. Mai 1943 kapitulierten die letzten noch kämpfenden Einheiten. Eine Viertelmillion deutscher und italienischer Soldaten geriet in Gefangenschaft.

Stauffenbergs Schicksal entschied sich schon am 7. April, als seine Division sich einer drohenden Einschließung zu entziehen versuchte. Er geriet «in ein Inferno von brennenden Fahrzeugen und Jagdbomberbeschuss. Die brennenden Fahrzeuge boten leicht erkennbare Ziele, in die die Jagdbomber immer wieder hineinschossen, Tote und Verwundete konnten nicht geborgen werden, Munition explodierte … Die Fahrzeugbesatzungen konnten nur die Fahrzeuge stehen lassen und in Deckung rennen. Die Erfahrenen hatten gelernt, den Anflug der Tieffflieger abzuwarten und sich zur Seite zu schnellen, wenn die Piloten die Schussrichtung nicht mehr ändern konnten. Die Überlebenden fuhren mit den noch brauchbaren Fahrzeugen weiter. Stauffenberg fuhr zwischen den Einheiten hin und her und dirigierte sie, im Horch-Kübelwagen stehend und Anweisungen gebend. Da wurde sein Fahrzeug von vorn von einem Jagdbomber beschossen. Stauffenberg warf sich aus dem Wagen und auf den Boden, lag mit dem Kopf auf den Händen und wurde getroffen.»

Man brachte den Schwerverwundeten zunächst in ein Lazarett bei Sfax, dann nach Tunis. Etwas später flog man ihn nach Italien aus und transportierte ihn in einem Lazarettzug nach München. Dort traf er am 21. April ein und wurde in eine Klinik in der Lazarettstraße aufgenommen. Dr. Lebsche, der chirurgische Leiter, galt als hervorragender Fachmann. Aber schon in Sfax waren die zerfetzte rechte Hand, der kleine und der Ringfinger der linken Hand und das linke Auge amputiert worden. Operationen wurden mehrfach nötig, unter anderem, um vereiternde Geschosssplitter zu entfernen. Der leeren Augenhöhle wurde ein Glasauge eingepasst, aber in der Regel zog Stauffenberg es vor, eine schwarze Augenklappe zu tragen, wohl weil das eindrucksvoller aussah.*

Die übrigen Lazarettinsassen mochten sich bald fragen, was an diesem Oberstleutnant denn so Besonderes war. Ein Strom von Besuchern ergoss sich in sein Krankenzimmer, und nicht nur die engeren Familienangehörigen oder sonstige Verwandte und Freunde, sondern auch hohe Offiziere und Generale aus dem Oberkommando des Heeres befanden sich darunter. Sie benutzten die Gelegenheit zu einem Zwischenaufenthalt in München, weil Hitler vom März bis zum Juni 1943 sein «Führerhauptquartier» aus der ostpreußischen «Wolfsschanze» auf den Berghof bei Berchtesgaden verlegt hatte. Im Mai überbrachte Generaloberst Kurt Zeitzler, seit September 1942 als Nachfolger von Halder der Generalstabschef des Heeres, das Goldene Verwundetenabzeichen und als Zugabe Wein. Auch der Generalquartiermeister Eduard Wagner ließ sich blicken und sorgte für ein damals höchst kostbares Geschenk: Kisten mit Orangen.

Stauffenberg arbeitete verbissen an der Wiederherstellung seiner Dienstfähigkeit. Er lehnte es ab, sich beim Anziehen hel-

Auf Genesungsurlaub in Lautlingen, Sommer 1943. Von links nach rechts: Sohn Heimeran, Tochter Valerie, Nichte Elisabeth, Neffe Alfred und Sohn Franz.

fen zu lassen, und lernte, sich die Schnürsenkel mit seinen drei verbliebenen Fingern und den Zähnen zuzubinden. Erholungswochen verbrachte er bei seiner Familie im heimatlichen Lautlingen und beschäftigte sich mit dem Vermächtnis Stefan Georges ebenso wie mit den Fragen der Zukunft. Aber eine heimliche Unruhe zehrte an ihm; er war jetzt der Mann, der eine Aufgabe, vielmehr seine Lebensbestimmung vor sich sah und keine Zeit mehr verlieren durfte, um sie zu erfüllen. Am 1. Oktober 1943 begann seine Tätigkeit als Chef des Stabes beim Allgemeinen Heeresamt im Berliner Bendlerblock. Der Leiter dieses

Amtes, General Friedrich Olbricht, eine Hauptfigur der militärischen Verschwörung gegen Hitler, hatte von Stauffenbergs Gesinnungswandel gehört und sich um ihn bemüht. Dafür verzichtete der noch kaum Genesene sogar auf vorbereitende Operationen zur Herstellung einer Handprothese, die eigentlich vorgesehen waren.

Bereits im September führte Stauffenberg Gespräche mit dem Obersten und zuletzt General Henning von Tresckow. Der stand schon seit Jahren im Mittelpunkt des militärischen Widerstandes, und von ihm ist zunächst zu berichten. Im Russlandfeldzug war er von 1941 bis 1943 Generalstabsoffizier bei der Heeresgruppe Mitte, die von Feldmarschall Hans Günther von Kluge geleitet wurde. «Der kluge Hans», wie er genannt wurde, besaß Einsicht genug, um die heranrückende Katastrophe zu erkennen, und er wusste von Tresckows Umsturzplänen. Den Mut zum eigenen Handeln aber brachte er nicht auf und entzog sich nach dem 20. Juli 1944 der Verhaftung, die ihm als einem Mitwisser drohte, durch den Selbstmord. Vorher schrieb er Hitler noch einen Treuebrief. Tresckow ließ sich durch die Bedenken seines Feldmarschalls nicht aufhalten. Im März 1943 unternahm er zwei Attentatsversuche, deren Durchführung und Misslingen als so abenteuerlich erscheinen, dass man es kaum zu glauben vermag.*
Am 13. März besuchte Hitler die Heeresgruppe Mitte. Beim Mittagessen bat Tresckow den neben ihm sitzenden Oberstleutnant Heinz Brandt, zwei Flaschen Cointreau ins Hauptquartier mitzunehmen und sie dort dem Obersten Helmuth Stieff – wiederum einem Mitverschworenen – zu übergeben: Es handle sich um eine Wettschuld. Tresckows Ordonnanzoffizier Fabian von Schlabrendorff werde ihm den Likör kurz vor dem Abflug der Führermaschine zustecken.

Wie gesagt, so getan; Brandt übernahm die beiden wohl-verpackten Flaschen. In Wirklichkeit handelte es sich um eng-lischen Sprengstoff aus Beutebeständen, mit einem Säurezün-der versehen, der sich nicht durch sein Uhrwerkticken verriet. Tresckow und Schlabrendorff hatten mit dem Teufelszeug vor-sorglich Versuche unternommen, und stets funktionierte es ein-wandfrei. Die Zünderlaufzeit war auf 30 Minuten eingestellt.

Die Führermaschine startete und hob ab: «Auf Wiederse-hen!» Oder, genauer: auf Nimmerwiedersehen. Mit der Uhr in der Hand warteten die Attentäter auf eine Meldung der Begleit-jäger von der Explosion und vom Absturz. Stattdessen hieß es nach zwei Stunden, dass der Führer wohlbehalten bei seiner «Wolfsschanze» auf dem Flugplatz von Rastenburg gelandet sei. Schleunigst rief Tresckow bei Brandt an: Leider sei eine Ver-wechslung passiert; er solle den Likör nicht übergeben. Am nächsten Morgen flog Schlabrendorff mit der täglichen Kurier-maschine nach Rastenburg, tauschte den falschen gegen den richtigen Cointreau aus und fuhr dann im Zug nach Berlin wei-ter. Im abgeschlossenen Abteil untersuchte er die Bombe und stellte fest, dass der Zündmechanismus keineswegs versagt hatte. Offenbar war aber der Sprengstoff im Gepäckraum des Flugzeugs zu kalt geworden und hatte darum nicht reagiert.

Tresckow ließ sich nicht entmutigen, und schon acht Tage später bot sich ihm eine neue Gelegenheit. Aus Anlass des «Hel-dengedenktages» wollte Hitler am 21. März im Berliner Zeug-haus eine Ausstellung von russischen Beutewaffen besichtigen. Tresckow flog nach Berlin und traf sich mit dem Obersten Ru-dolph-Christoph Freiherr von Gersdorff, der dazu ausersehen war, die Beutewaffen vorzustellen. Tresckow trug Gersdorff an, sich mit Hitler in die Luft zu sprengen, und der sagte nach kur-zer Bedenkzeit zu. In aller Eile wurde eine neue Zündvorrich-tung besorgt, deren Mindestlaufzeit zehn Minuten betrug.

Henning von Tresckow, bis zu Stauffenbergs Auftreten im Mittelpunkt des militärischen Widerstandes, mit seinen Söhnen.

Als der «Führer» eintraf, setzte Gersdorff den in seiner Manteltasche verborgenen Todesmechanismus in Gang und hielt sich während des Rundgangs dicht neben Hitler. Der aber, sonst immer technisch interessiert, ließ sich durch keinen Erklärungsversuch aufhalten und hetzte im Geschwindschritt durch die Räume. Spürte er die Gefahr? Wie auch immer: Nach nur zwei Minuten verließ er das Gebäude schon wieder. Gersdorff blieb gerade noch Zeit, eine Toilette aufzusuchen und dort den Zünder zu entfernen. Als er sich anschließend in den ebenso nahen wie vornehmen Union-Club begab, um mit einigem Cognac seine Nerven zu beruhigen, traf er dort den Kölner Bankier Waldemar von Oppenheim, der ihm fröhlich erzählte, er habe gerade die Gelegenheit verpasst, Hitler umzubringen: «Vor meinem Parterrezimmer im Hotel Bristol kam er ganz langsam im offenen Wagen die ‹Linden› vorbeigefahren. Es wäre eine Leichtigkeit gewesen, ihm über den Fußgängersteig hinweg eine Handgranate in den Wagen zu werfen.» Doch natürlich gehörten Handgranaten nicht gerade zur Standardausrüstung eines Bankiers.*

Noch eine Anmerkung ist hier wichtig: Immer wieder ist kritisiert worden, dass das Attentat vom 20. Juli 1944 viel zu spät stattfand, zu einem Zeitpunkt, als die alliierte Landung in der Normandie bereits gelungen war und die Ostfront zusammenbrach, also der deutsche Untergang sich abzeichnete und die künftigen Sieger kaum mehr bereit gewesen wären, sich auf Verhandlungen und Zugeständnisse einzulassen. Wir werden hierauf zurückkommen. Aber es hat zu einem früheren Zeitpunkt schon die Attentatsversuche gegeben, von denen gerade erzählt wurde.

Tresckow wurde nach einer Zwischenstation in Berlin bald wieder an die Ostfront versetzt, zunächst als Regimentskommandeur, dann als Stabschef der 2. Armee. Praktisch konnte er von da an kaum noch etwas tun, und zwangsläufig fiel die Hauptrolle bei allen weiteren Planungen Stauffenberg zu. Zwar gab es andere und sogar ranghöhere Mitverschworene; von einigen wird bald die Rede sein. Aber nur er verfügte über die Energie, die Entschlossenheit und die Überzeugungskraft, die jetzt nötig waren.

Claus Stauffenberg wohnte im Hause seines Bruders Berthold, das sich in der Tristanstraße 8 in Berlin-Wannsee befand. Es verbarg sich idyllisch hinter Büschen und Bäumen. Allerdings war Berthold meist abwesend. Er arbeitete ja als Rechtsberater im Oberkommando der Marine, und deren Gebäude

Tristanstraße 8 in Berlin-Wannsee. Hier wohnte Stauffenberg in den letzten Monaten seines Lebens bei seinem Bruder Berthold.

brannte nach einem britischen Luftangriff aus, sodass die Dienststelle erst nach Eberswalde, dann nach Bernau verlegt wurde. Um Claus zu unterstützen, zog sein Onkel Nikolaus Graf Üxküll-Gyllenband (ein Bruder von Stauffenbergs Mutter) in der Tristanstraße ein. Üxküll, Jahrgang 1877, ein Kavalier alter Schule, war ein väterlicher Freund und enger Berater seines Neffen. Er kannte dessen Pläne und hoffte auf seine befreiende Tat. Dafür scheute er jetzt auch die einfachen und alltäglichen Hilfsdienste nicht.

Den Haushalt besorgte Annabel Siemens, eine Nichte des Grafen Peter Yorck von Wartenburg, der auch zu den Verschwörern gehörte. Vom neuen Hausherrn bekam sie wenig zu sehen, denn meist war er schon fort, wenn sie am Morgen kam, und noch nicht wieder zurück, wenn sie ging. Dass es in den späteren Abendstunden oder in den Nächten viele Besucher gab, konnte sie allerdings an den Gläsern ablesen, die am nächsten Tag aufs Abwaschen warteten.

Eine besonders wichtige und unerschrockene Mitarbeiterin war die Sekretärin Margarethe von Oven, die die meisten Schreibarbeiten besorgte. Einmal ging sie mit Stauffenberg und Tresckow über eine Straße im Grunewaldviertel, die Tasche voll gepackt mit hochverräterischen Texten. Ein SS-Auto brauste heran und bremste hart neben den dreien, denen der Atem stockte. Die SS-Leute sprangen heraus – und stürmten in ein Haus nebenan.*

Margarethe von Oven hat davon berichtet, dass Stauffenberg ihr einmal aus einem Gedicht von Stefan George vorlas. Es zeigt, was Claus Schenk Graf von Stauffenberg am Vorabend seiner Tat bewegte. Im Abgrund des Unheils, umgeben von Schande und Feigheit, ging es ihm um *eine Frage der Ehre*. Und weit in der Ferne leuchtete dann auch die Hoffnung auf eine Anerkennung der Tat. Es heißt in dem Gedicht:

«Wenn einst dies geschlecht sich gereinigt von schande
Vom nacken geschleudert die fesseln des fröners
Nur spürt im geweide den hunger nach ehre:
Dann wird auf der walstatt voll endloser gräber
Aufzucken der blutschein .. dann jagen auf wolken
Lautdröhnende heere dann braust durchs gefilde
Der schrecklichste schrecken der dritte der stürme:
Der toten zurückkunft!

Wenn je dieses volk sich aus feigem erschlaffen
Sein selbst erinnert der kür und der sende:
Wird sich ihm eröffnen die göttliche deutung
Unsagbaren grauens .. dann heben sich hände
Und münder ertönen zum preise der würde
Dann flattert im frühwind mit wahrhaftem zeichen
Die königsstandarte und grüsst sich verneigend
Die Hehren – die Helden!»*

«Walküre»

Die Vorbereitung des Staatsstreichs

Als der 36-jährige Claus Stauffenberg am 1. Oktober 1943 in Berlin sein Amt als Stabschef bei General Olbricht antrat, übernahm er wie selbstverständlich eine doppelte Aufgabe: die Vorbereitung des Attentats, das Hitler aus dem Weg räumen, und des Staatsstreichs, der daran anschließen sollte.

Eigentlich kam ihm diese Führungsrolle gar nicht zu. Es gab im deutschen Widerstand viele Männer, die nach Rang und Alter weit vor ihm standen, zum Beispiel den Generalobersten und ehemaligen Generalstabschef Ludwig Beck und den Feldmarschall Erwin von Witzleben. Oder, auf der zivilen Seite: Carl Friedrich Goerdeler, bis 1937 Oberbürgermeister von Leipzig, und Ulrich von Hassell, bis 1938 Botschafter in Rom. Das waren mehr als nur achtbare und angesehene Persönlichkeiten, dazu bereit, für die Rettung Deutschlands ihr Leben einzusetzen. Sie planten den Umsturz schon seit Jahren und wussten, welche Aufgaben sie zu übernehmen

General Friedrich Olbricht. Er hatte Stauffenberg in den Bendlerblock geholt, der zum Zentrum des Staatsstreichs wurde.

hatten: Beck sollte an die Spitze des Heeres oder vielleicht auch als «Reichsverweser» an die Spitze des Staates treten, Witzleben den Oberbefehl über die gesamte Wehrmacht übernehmen, Goerdeler Reichskanzler und Hassell Außenminister werden. Diese Männer waren zwischen 1880 und 1884 geboren, also noch im Kaiserreich erwachsen geworden*; nicht nur ihrem Alter nach, sondern auch in ihrer Lebensprägung gehörten sie zu einer anderen Generation als Stauffenberg.

Freilich schlich sich mit der Länge der Zeit, die man über dem Planen verbrachte, eine Ermüdung, ein Hauch von Resignation ein, halb nur eingestanden und doch spürbar als das Gefühl: Es wird ja doch nichts. Keiner von diesen Älteren und auch niemand sonst verfügte über die Begeisterungsfähigkeit, die andere mitriss, und über die Leidenschaft zur Tat, die Stauffenberg auszeichnete. Darum rückte er in den Mittelpunkt des Geschehens, seit Henning von Tresckow sich weitab an der Ostfront befand. Der Historiker Gerhard Ritter hat davon gesprochen, dass in Stauffenberg «ein Stück dämonischen Machtwillens und Herrentums» glühte, ohne das «die Widerstandsbewegung wirklich in Gefahr war, in lauter Vorbereitungen und Planungen stecken zu bleiben».*

Bei der Vorbereitung des Attentats* stellte sich die Frage: Wer sollte es durchführen? Alle Beteiligten waren sich darin einig, dass Stauffenberg hierfür *nicht* infrage kam, erstens wegen seiner Behinderung durch die schwere Verwundung, zweitens und mehr noch, weil er bei der Leitung des Staatsstreichs in Berlin unentbehrlich war. Ohnehin besaß er vorerst keinen Zugang zu Hitler.

Aber wer kam an den streng bewachten Diktator, der sich aus seiner ostpreußischen «Wolfsschanze» oder vom Berghof bei Berchtesgaden immer seltener fortrührte, überhaupt noch heran? Schon Tresckows Wahl fiel auf den Obersten und zuletzt General Hellmuth Stieff, der seit Oktober 1942 Chef der Organisationsabteilung im Oberkommando des Heeres war. Stieff schwankte mehrfach, sagte zu und dann doch wieder ab. Zu seiner Ehrenrettung sei angemerkt, dass er noch in der Nacht zum 21. Juli 1944 verhaftet und dann schwer gefoltert wurde. Er gehörte zu den Ersten, die man zum Tode verurteilte und hinrichtete. Hinzuzufügen ist auch, dass jedenfalls in der christlich-abendländischen Tradition niemand von einem anderen die Tat verlangen kann, die auf den sicheren Tod, den Selbstmord hinausläuft.

Stauffenberg traf nun auf Axel Freiherr von dem Bussche-Streithorst. Der war 24 Jahre alt, Hauptmann und hoch dekoriert. Im Herbst 1942 war er in der Ukraine Zeuge der Massenerschießung von Juden. Danach erklärte er vor Kameraden, dass für einen Offizier von Ehre nur drei Möglichkeiten blieben: Fallen, Fahnenflucht oder Rebellion. Nun ergab sich die Möglichkeit, das Fallen und die Rebellion zu verbinden: Es sollten Hitler neue Uniformschnitte und Sturmausrüstungen vorgeführt werden. (Die amerikanischen Kampfanzüge waren deutlich moderner und die russischen Feldblusen praktischer als die eng anliegenden deutschen Uniformen.) Die Ausrüstung ließ sich mit Sprengstoff füllen. Der Vorführende sollte im richtigen Augenblick auf Hitler zuspringen, ihn umklammern und sich mit ihm in die Luft jagen. Bussche sagte ohne Zögern zu, als Stauffenberg ihn fragte, ob er dazu bereit sei. Im November 1943 fuhr er nach Ostpreußen und hielt sich in der Nähe des Führerhauptquartiers für seinen Einsatz bereit. Er notierte: «Die sonnigen Spätjahrtage im Wald- und Seenland sind getragen von der hellsichtigen Klarheit, die der Soldat vor dem Angriff kennt.»* Aber wieder einmal kam Hitler der Zufall zu Hilfe: Die neuen Uniformen verbrannten bei einem britischen Luftangriff in Berlin, und die Vorführung musste auf unbestimmte Zeit verschoben werden. Bussche kehrte an die Front zurück, wurde schwer verwundet, verlor ein Bein und stand damit nicht mehr zur Verfügung.

Eine persönliche Bemerkung sei hier eingefügt: 1982 / 83 fand ich Gelegenheit, Bussche für ein Jahr nahe zu sein; miteinander waren wir Stipendiaten des Wissenschaftskollegs zu Berlin. Ständig litt der große und schwere Mann unter Phantomschmerzen in dem verlorenen Bein, die er mit vielen Zigaretten und Tabletten wenig erfolgreich bekämpfte. Doch je länger, desto deutlicher gewann ich den Eindruck, dass es sich um Ersatzschmerzen für die seelischen handelte. Niemals erlosch in diesem Mann die Scham der verlorenen Ehre; immer sprach zu ihm eine Stimme von der *Schuld des Überlebens*.

Heute trifft man an jeder Straßenecke, in allen Talk-Shows auf die Betroffenheitsbekenner und Schuldeinforderer, die mit dem Finger auf andere weisen. Bussche dagegen gehörte zu den seltenen Menschen, von denen wir in der Bibel lesen, dass Gott zu Abraham gesagt hat: «Finde ich fünfzig Gerechte zu Sodom in der Stadt» – oder auch nur zehn –, «so will ich um ihrer willen dem ganzen Ort vergeben.»

Als Ersatz für die verbrannten Uniformmuster wurden neue angefertigt. Stauffenberg fragte darum den Leutnant Ewald Heinrich von Kleist, ob er bereit sei, an die Stelle Bussches zu treten. Kleist erbat sich Bedenkzeit: Er wolle erst mit seinem Vater sprechen, dem pommerschen Gutsherrn und geschworenen Feind Hitlers, Ewald von Kleist-Schmenzin. Dieser Vater sagte zu seinem Sohn: «Ja, das musst du tun. Wer in solch einem Moment versagt, wird nie wieder froh in seinem Leben.»* Aber der Vorführungstermin wurde immer weiter vertagt.

Gab es denn keine andere, vielleicht einfachere Möglichkeit? Alle Wut und Verzweiflung über die ausbleibende Tat entlud sich in dem Ausbruch des Grafen Yorck von Wartenburg:

«Schließlich hat das Schwein doch eine Fresse, in die man hin-
einschießen kann!»* Es entstand also der Gedanke, Hitler kurzerhand mit einem Pistolenattentat zu erledigen. Dafür wurde
der Rittmeister Eberhard von Breitenbuch gewonnen, ein Ordonnanzoffizier beim Feldmarschall Ernst Busch. Am 11. März
1944 war Busch zur Lagebesprechung auf den bayerischen Berghof bestellt, und Breitenbuch begleitete ihn, die entsicherte Pistole in der Tasche. Doch an der Tür zum Konferenzraum wurde
er aufgehalten: Die Besprechung solle diesmal – ausnahmsweise – ohne Ordonnanzoffiziere stattfinden. Für spätere Gele-
genheiten stand Breitenbuch nicht mehr zur Verfügung, denn
«so etwas macht man nur einmal».*

Am Ende fiel die Rolle des Attentäters doch Stauffenberg zu,
und trotz aller offensichtlichen Nachteile übernahm er sie ohne
Zögern. Am 17. Juni 1944 übergab er sein Amt bei General Olbricht an seinen Freund, den Obersten Albrecht Ritter Mertz
von Quirnheim, und wurde zum Chef des Stabes beim Befehlshaber des Ersatzheeres, Generaloberst Fromm, ernannt. Im
Zuge dieser Versetzung erfolgte am 1. Juli seine Beförderung
zum Obersten im Generalstab. Jetzt gewann er Zugang zu Hitler,
ja die Besprechungen jagten einander; innerhalb von zwei Wochen wurde er viermal zum Vortrag auf dem Berghof oder in der
«Wolfsschanze» befohlen. Denn angesichts der Niederlagen und
Verluste im Osten, Westen und Süden drängte die Frage, was
das Ersatzheer zu leisten vermochte, um noch neue Truppen an
die Fronten zu werfen und den Vormarsch des Feindes zum
Stehen zu bringen. Wir kommen in diesem Kapitel noch auf die
Besuche im Führerhauptquartier zurück, die dem 20. Juli vor-
ausgingen.

Das Attentat konnte jedoch nur der Auftakt sein. Denn Yorcks Ausspruch zum Trotz genügte es natürlich nicht, den «Führer» zu töten. Wenn man es dabei beließ, geriet man womöglich vom Regen in die Traufe, etwa wenn die SS die Macht an sich riss. Darum musste sichergestellt werden, dass auch Hitlers Gefolgsleute im gesamten Reich ausgeschaltet wurden.

Wie aber sollte eine vergleichsweise kleine Zahl von Verschwörern die praktische oder, wie der Fachausdruck lautete, die vollziehende Gewalt übernehmen und vom Rundfunk bis zur Polizei alles, was dafür wichtig war, unter ihre Kontrolle bringen? Erst danach konnte ja eine neue Regierung eingesetzt werden, die sich den politischen Aufgaben stellte: der Aufklärung des Volkes über die Verbrechen der Gewaltherrschaft, dem Aufräumen mit der «braunen Pest» und einer Wiederherstellung des Rechtsstaates. Es bedurfte eines Tricks, um ein solches Vorhaben durchzuführen.

Die Verschwörer verfielen auf die Idee, ihren Staatsstreich als die Abwehr eines Staatsstreichs anzulegen. Ganz am Anfang sollte eine gezielte Falschmeldung stehen: «Der Führer ist tot. Eine kleine Clique gewissenloser frontfremder Parteiführer hat einen Staatsstreich versucht. Der militärische Ausnahmezustand ist verhängt und die vollziehende Gewalt in die Hände der Wehrkreisbefehlshaber gelegt.»* Die Wehrmacht sollte also – besten Gewissens, empört über einen «frontfremden» Putsch – die Macht übernehmen und den Weg zum politischen Umsturz bahnen.

Die Möglichkeit dazu bot der so genannte «Walküre»-Plan. Er lag gebrauchsfertig in den Panzerschränken beim Oberbefehlshaber des Ersatzheeres und bei den Wehrkreiskommandos und musste auf das Stichwort «Walküre» hin nur hervorgeholt und ausgeführt werden. Eigentlich war er für den Fall von «inneren Unruhen» vorgesehen. Dabei dachte man an die Millionen von Kriegsgefangenen, Zwangsarbeitern und Häftlingen, die sich im Lande befanden und womöglich den Aufstand versuchten, wenn die allliierten Heere sich den Reichsgrenzen näherten, vielleicht von deutschen Regimegegnern und gelandeten Agenten unterstützt. Es kam nun darauf an, die «Walküre»-Pläne so umzuarbeiten, dass sie für die Zwecke des Staatsstreichs passten. Den Vorrang gewannen die Besetzung von Nachrichtenzentralen und Rundfunksendern, die Verhaftung von Ministern und Parteiführern, die Entwaffnung von Polizei und SS und ähnliche Maßnahmen. An dieser Umarbeitung hatte Stauffenberg wesentlichen Anteil, und er versuchte auch, in den Wehrkreiskommandos zuverlässige Offiziere zu finden, die die Ausführung garantierten.

Fast niemand aus dem engeren Verschwörerkreis hat überlebt und konnte davon berichten, wie Stauffenberg vorging. Umso wertvoller ist das Zeugnis von Hermann Balck, der nicht zum Widerstand gehörte. Er kannte Stauffenberg schon aus der Zeit bei der Reichswehr, als der junge Graf seine Offizierslaufbahn beim Reiterregiment 17 in Bamberg begann, während Balck, um vierzehn Jahre älter, als Rittmeister beim Reiterregiment 18 diente, das in Stuttgart-Cannstatt und Ludwigsburg stationiert war. Inzwischen war aus dem Kavalleristen ein bekannter, mit den höchsten Orden ausgezeichneter Panzergeneral geworden. Im Rückblick hat Balck über eine Begegnung Anfang November 1943 berichtet:

«Ich traf damals Stauffenberg in seiner neuen Funktion in der Bendlerstraße, die er vier Wochen vorher übernommen hatte. Ich hatte ihn über ein Jahr lang nicht gesehen und war sehr beeindruckt von der souveränen, nonchalanten Art, mit der er seine schweren Verwundungen überspielte. Das Fröhliche und Jungenhafte, das ihn immer ausgezeichnet hatte, war allerdings weg. Jetzt sprühte er von Energie, Bestimmtheit, Sendungsbewusstsein oder Fanatismus. Mit großer Bitterkeit kommentierte er die militärische Lage und übte schärfste Kritik an der deutschen Kriegführung. Ohne im Geringsten auf etwaige Lauscher Rücksicht zu nehmen – die Wände hatten Ohren in der Bendlerstraße! –, verlangte er die Absetzung des Führers und die Einsetzung einer Militärdiktatur zur völligen Entfesselung des totalen Krieges. Ich konterte genauso scharf und sagte ihm, wir seien auf Gedeih und Verderb an Adolf Hitler gebunden; wenn der Führer nicht mehr da sei, dann fiele die Wehrmacht in die Hände Himmlers und das Reich in die Gewalt der Russen. Ich sah Stauffenbergs Miene an, dass ich ihn nicht überzeugen konnte. Wie gaben uns die Hand, und das war das letzte Mal, dass ich ihm begegnet bin.»

Dieser Text ist in mehrfacher Hinsicht aufschlussreich. Balck vertritt die bei Frontoffizieren überwiegende Meinung; für Staatsstreichgedanken bringt er kein Verständnis auf. Auch nach dem Krieg ist er ein scharfer Kritiker des militärischen Widerstandes geblieben; Männer wie Schlabrendorff oder Gersdorff tut er kurzweg als «Märchenerzähler» ab. Aber: «Einem Manne wie Stauffenberg billige ich den Entschluss zu seiner Tat zu. Bildung, Persönlichkeit, Überblick und Verantwortungsgefühl gaben ihm das Recht, so zu handeln.»*

Auf der anderen Seite enthüllt sich Stauffenbergs Taktik: Er hält mit seiner Meinung über Hitler und seinem Willen, ihn auszuschalten, nicht hinter dem Berg. Zugleich aber verschleiert er die eigenen Absichten, wenn er den Anschein erweckt, dass es ihm nur um den Kriegserfolg geht. So prüft er den Gesprächspartner unter dem Deckmantel der Einigkeit über das Ziel, auf das es dem Soldaten ankommt.

Nebenher wird noch eines exemplarisch sichtbar: Unter alten Offizierskameraden konnte man ein offenes Wort riskieren. Obwohl die Meinungen schroff aufeinander prallten, dachte

Der Eingang zum Bendlerblock in Berlin, in dem Stauffenberg
arbeitete.

Balck gar nicht daran, Stauffenberg wegen seiner eidesverletzenden Äußerungen anzuzeigen, wie es eigentlich seine Pflicht gewesen wäre.

Wenn man «Walküre» aus dem Abstand kritisch oder ironisch betrachtet, drängt sich der Eindruck auf: Hier kehrte, ins Große übersetzt, der Hauptmann von Köpenick zurück, der sich einige Soldaten unterstellte, um einen Bürgermeister zu verhaften und die Stadtkasse an sich zu bringen. Oder man kann von einem genialen Einfall reden: Er war auf die deutsche Gewöhnung an Befehl und Gehorsam abgestimmt, darauf, dass alle gehorchen und wie vorgesehen handeln, um nicht zu sagen strammstehen und funktionieren, wenn man nur über einen ordentlichen vorgegebenen Plan verfügt und Befehle die richtige Unterschrift tragen.

In diesem Falle war die Schlüsselfigur kein falscher Hauptmann, sondern ein echter Generaloberst, der Oberbefehlshaber des Ersatzheeres, Friedrich Fromm. Wie er sich im Ernstfall verhalten würde, blieb offen; er war ein Opportunist von Graden, der zuerst und vor allem an sich dachte. Er wusste, wes Geistes Kind sein Stabschef war; beim Dienstantritt im neuen Amt hatte Stauffenberg ihn darüber nicht im Unklaren gelassen. Fromm hatte zugehört, für die Offenheit gedankt und Stauffenberg gebeten, nun an seine Arbeit zu gehen. Doch selbst wenn dieser Generaloberst sich im entscheidenden Augenblick verweigerte, war noch nichts verloren. Dann würde man ihn eben festsetzen und die Befehle in seinem Namen über die Fernschreiber laufen lassen.

Die politischen Vorstellungen von der Zukunft standen im Grunde quer zur Planung des Umsturzes. Denn darüber herrschte Einigkeit: Sehr bald schon wollte man dem Volk reinen Wein einschenken, also nicht mehr vortäuschen, dass man einen Staatsstreich verhindert hatte, sondern den wirklich vollzogenen enthüllen. Man setzte auf die Macht der vollendeten Tatsachen, und besonders Goerdeler vertraute darauf, dass die Menschen sich mit Entsetzen vom toten Hitler und seinen Gefolgsleuten abwenden würden, wenn deren Verbrechen ans Licht kamen.

Eine neue Regierung sollte sich vorstellen, und zum Reichskanzler sollte der ehemalige Leipziger Oberbürgermeister Goerdeler berufen werden, der, wie schon angedeutet, den zivilen Widerstand verkörperte.* Bereits seit Jahren sammelte er Mitverschworene um sich, warb im Ausland für die Unterstützung des Widerstandes und verfasste unermüdlich Denkschriften, Kabinettslisten oder Aufrufe für den «Tag danach». Er dachte streng rechtlich und war im Kern seines Wesens ein konservativer Mann; von sozialen Experimenten hielt er wenig, von sozialistischen überhaupt nichts. Dadurch geriet er in ein Spannungsverhältnis zu Stauffenberg, der die Verbindung mit Sozialdemokraten und Gewerkschaftsführern suchte, etwa mit Jakob Kaiser, bis 1933 ein Vorstandsmitglied der christlichen Gewerkschaften. «Herr Kaiser, es darf aber nicht zu einer Restauration kommen!», sagte Stauffenberg zu ihm.*

Den stärksten Eindruck machte auf Stauffenberg der um 16 Jahre ältere Sozialdemokrat Julius Leber. Er war als Freiwilliger in den Ersten Weltkrieg gezogen und hatte es zum Offizier gebracht; schon daraus ergaben sich Anknüpfungspunkte. Leber wurde so etwas wie ein politischer Berater und Lehrer, ja ein persönlicher Freund, und Stauffenberg hätte es vorgezogen, wenn man ihn – statt Goerdeler – zum Kandidaten für die Kanzlerschaft bestimmte. Am 5. Juli 1944 wurde Leber verhaftet; er hatte an einem Treffen mit Kommunisten teilgenommen, unter denen sich ein Spitzel der Geheimen Staatspolizei – kurz Gestapo – befand. Als Stauffenberg von der Verhaftung erfuhr, rief

Julius Leber, ein Sozial-
demokrat im Widerstand, der
zum Vertrauten Stauffenbergs
wurde.

er: «Wir brauchen Leber! Ich hole ihn raus, ich hole ihn raus!»*

Keine «Restauration» früherer politischer Verhältnisse: Das war leichter gesagt als getan. Fast alle Mitglieder des deutschen Widerstandes blickten mit Abscheu auf den Parteienzank und die parlamentarische Verfassung der Weimarer Republik zurück. Nichts davon sollte wiederkehren. Doch was würde an deren Stelle treten? Man war sich einig im Kampf gegen die nationalsozialistische Gewaltherrschaft, aber im Blick auf die Zukunft blieben die Vorstellungen verschwommen oder liefen weit auseinander.

Um es deutlich zu sagen: Stauffenberg war kein Demokrat. Seine Herkunft und Erziehung, die durch die Einflüsse des George-Kreises noch verstärkt worden waren, ließen ihn an die Herrschaft einer Elite, eine Auslese der Besten glauben. Wie diese Auslese zustande kam, blieb unklar. Wer eigentlich sollte die Auswahl vornehmen – oder die Abwahl, wenn jemand versagte? Etwa wiederum die Elite, die sich selbst ergänzte? Oder doch die verachtete Masse, das Volk? Wie überhaupt sollten die Maßstäbe aussehen? Fragen über Fragen, die keine Antwort finden.

Man könnte sogar noch um einen Schritt weitergehen und eine seltsame Nähe zu den nationalsozialistischen Ideen feststellen. So hat es jedenfalls Berthold Stauffenberg gesehen, als er im Verhör durch die Gestapo nicht nur für sich, sondern ausdrücklich auch für seinen Bruder Claus erklärte, man habe vieles durchaus bejaht, so das «Führerprinzip» und den Gedanken einer «Volksgemeinschaft», die den Gemeinnutz vor den Eigennutz stellte. Nur: «Die Grundideen des Nationalsozialismus sind aber in der Durchführung durch das Regime fast alle in ihr Gegenteil verkehrt worden.»* Also bloß ein besserer, vom Bösen gereinigter Nationalsozialismus?

Vollkommen offen blieb das außenpolitische Programm, sofern es überhaupt eines geben konnte im Gegenüber zu den Alliierten, die die bedingungslose Kapitulation verlangten und zum Endangriff auf die deutsche «Festung Europa» ansetzten. Alle Versuche, Verbindungen herzustellen und Möglichkeiten des Friedensschlusses zu erkunden, die Goerdeler oder noch im Jahre 1943 der Legationsrat im Auswärtigen Amt, Adam von Trott zu Solz, unternahm, prallten an einer Mauer des Schweigens ab. Zu Recht hat Marion Gräfin Dönhoff von «unterlassener Hilfeleistung» gesprochen, und der Historiker Hans Rothfels hat sogar gesagt, dass die britische Haltung gegenüber dem deutschen Widerstand «fast auf ein Bündnis mit Hitler hinauslief».*

Der verzweifelte Patriot Claus Stauffenberg hat darum bei Tresckow angefragt, ob der Versuch des Umsturzes überhaupt noch sinnvoll sei. Tresckows denkwürdige Antwort hieß: «Das Attentat muss erfolgen, coûte que coûte [koste es, was es wolle]. Sollte es nicht gelingen, so muss trotzdem in Berlin gehandelt werden. Denn es kommt nicht mehr auf den praktischen Zweck an, sondern darauf, dass die deutsche Widerstandsbewegung vor der Welt und vor der Geschichte den entscheidenden Wurf gewagt hat. Alles andere ist daneben gleichgültig.»*

Schon am 7. Juni 1944 begleitete Stauffenberg seinen künftigen Chef, den Generalobersten Fromm, zu einer Besprechung im Führerhauptquartier, das sich damals auf dem «Berghof» bei

Berchtesgaden befand. Anwesend waren neben Hitler: der «Reichsmarschall» Hermann Göring, der Feldmarschall Keitel, der «Reichsführer SS» Heinrich Himmler und der Rüstungsminister Albert Speer. Hitler, so heißt es, ergriff mit beiden Händen Stauffenbergs Linke, schob dann mit zitternder Hand die Karten hin und her, die vor ihm auf dem Tisch lagen, und blickte immer wieder zu dem Mann mit der Augenklappe hinüber, fast als spüre er die Kraft oder die Gefahr, die von ihm ausging. Stauffenberg wiederum meinte, Hitlers Augen hätten sich wie hinter Schleiern, einem Vorhang verborgen, die Atmosphäre sei faul und verrottet gewesen, als bekäme man keine Luft. Und mit Ausnahme von Speer hätten alle Anwesenden auf ihn wie Seelenkranke, wie Psychopathen gewirkt.*

Am nächsten Tag nahm Stauffenberg in Berchtesgaden an der Fronleichnamsprozession teil. Er war nicht gerade das, was man einen Kirchenchristen nennt, aber die Bindung an den überkommenen Glauben blieb ihm wichtig – jetzt, in den Wochen seiner Vorbereitung auf die Tat, wohl noch mehr als sonst.

Die nächsten Besprechungen, zu denen Stauffenberg ins Führerhauptquartier gerufen wurde, fanden am 6. und 11. Juli statt, wiederum auf dem Berghof. Es ist umstritten, ob er schon am 6. Juli dazu entschlossen war, seine Bombe zu zünden. Sicher aber ist es für den zweiten Termin: Er hatte «das Zeug», den Sprengstoff, bei sich.

Dass die Ausführung unterblieb, lag daran, dass Himmler und Göring fehlten. Alle Mitwisser hatten Stauffenberg beschworen, ja darauf bestanden, dass sie anwesend waren und mit Hitler den Tod fanden. Dafür gab es einleuchtende Gründe. Himmler war der anerkannte Herr der SS und der Polizei; wenn er ausfiel, konnte man darauf hoffen, dass die gefährlichsten Feinde des Staatsstreichs in den entscheidenden Stunden und Tagen keine Befehle erhielten und der Lähmung verfielen.

Göring war der Nachfolger des Führers. Denn in seiner Reichstagsrede vom 1. September 1939, dem Tag des Kriegsbeginns, hatte Hitler erklärt: «Sollte mir in diesem Kampfe nun etwas zustoßen, dann ist mein erster Nachfolger Parteigenosse Göring. Sollte Parteigenossen Göring etwas zustoßen, ist der nächste Nachfolger Parteigenosse Heß. Sie würden diesen dann als Führer genauso zu blinder Treue und Gehorsam verpflichtet sein wie mir.»* Heß hatte sich selbst ausgeschaltet, indem er am 10. Mai 1941 nach England flog und seitdem dort ein Gefangener war. Wenn aber Göring überlebte, konnte er sich irgendwo mit der Hilfe von ihm ergebenen Luftwaffeneinheiten verschanzen und zum Nachfolger Hitlers ausrufen.

Am 14. Juli kehrte Hitler in die «Wolfsschanze» bei Rastenburg zurück, und zum 15. Juli wurde Stauffenberg wieder zu einer Besprechung befohlen. (Bei dieser Gelegenheit entstand das einzige Foto, das Stauffenberg in der Begegnung mit Hitler zeigt.) Aber wieder fehlten Himmler und Göring. Voreilig allerdings löste General Olbricht für Berlin und die in der Nähe stationierten Truppen den «Walküre»-Alarm aus. Das brachte ihm einen heftigen Zusammenstoß mit Fromm ein, und Olbricht hatte alle Hände voll damit zu tun, den Vorgang als eine Probeübung zu verharmlosen.

Der Sachverhalt führte zu einschneidenden Konsequenzen. Einerseits entschloss sich Stauffenberg, in jedem Falle seine Bombe bei der nächsten Gelegenheit zu zünden, gleich ob Himmler und Göring anwesend waren oder nicht. Andererseits entstand fünf Tage später eine verhängnisvolle Verzögerung, weil Olbricht es nicht noch einmal wagte, ins Ungewisse hinein zu handeln, bevor er sicher war, dass das Attentat wirklich stattgefunden hatte.

Wir wissen wenig von Stauffenbergs körperlicher und geistiger Verfassung in den letzten Wochen und Tagen vor seiner Tat.

In der «Wolfsschanze», 15. Juli 1944. Links Stauffenberg, rechts
mit Mappe Feldmarschall Keitel. Dies ist die einzige Aufnahme, die
Stauffenberg zusammen mit Hitler zeigt.

Er hat keine Selbstzeugnisse hinterlassen, und darum sind wir auf Berichte aus zweiter Hand angewiesen. Einer hat seinen Ursprung bei dem berühmten Chirurgen Ferdinand Sauerbruch. An einem Abend gegen Ende Juni 1944 war Stauffenberg mit anderen bei Sauerbruch zu Gast, der ein Haus am Grunewald bewohnte. «Als alle gingen, blieb Stauffenberg noch zurück; er wirkte müde und abgespannt auf Sauerbruch, der ihm zu einigen Wochen Erholung riet. Stauffenberg sagte, er habe eine wichtige Aufgabe zu erfüllen, und begann, von seinem Umsturzplan zu sprechen. Sauerbruch wollte nichts hören und unterbrach ihn schleunigst: Seine Verwundungen seien zu schwer, sein körperlicher Zustand zu schlecht, seine Nerven nicht gut genug, er könnte zu leicht Fehler begehen. Stauffenberg stand verletzt auf und wollte gehen, ließ sich dann beschwichtigen, aber er blieb bei seinem Vorhaben.»*

Vielleicht sollte man noch anfügen, was der Untersuchungsbericht der Geheimen Staatspolizei vom 26. August 1944 in widerwilliger Bewunderung formulierte: «Kennzeichnend für die Persönlichkeit Stauffenbergs scheint eine erhebliche Willenskraft und geradezu asketische Härte gegen sich selbst gewesen zu sein.»*

«Das Attentat muss erfolgen, coûte que coûte»

Der Zwanzigste Juli 1944

«Das Oberkommando der Wehrmacht gibt bekannt»: Mit diesen Worten begann seit dem Kriegsbeginn am 1. September 1939 alltäglich der «Wehrmachtbericht», der über alle Rundfunksender verlesen und dann noch einmal langsam – zum Mitschreiben – wiederholt wurde. Damit sollte die Bevölkerung über das Geschehen an den Fronten unterrichtet werden. Am Vorabend des 20. Juli 1944 war zu hören:

«In der Normandie trat der Feind nach mehrstündigem Trommelfeuer und heftigen Luftangriffen nun auch östlich der Orne zum Großangriff an. Erst nach schwersten Kämpfen und unter hohen Verlusten konnte der Gegner in unsere Stellungen eindringen, wo er nach Abschuss von 40 Panzern durch unsere Gegenangriffe zum Stehen gebracht wurde. Südwestlich Caen scheiterten alle feindlichen Angriffe. Auch im Raum St. Lo wurde gestern erbittert gekämpft. Nachdem während des Tages alle Angriffe gegen St. Lo abgewiesen waren, drang der Feind in den Abendstunden mit Panzern in die Stadt ein, wo sich heftige Straßenkämpfe entwickelten.

In Luftkämpfen verlor der Feind 22 Flugzeuge, zwei weitere wurden am Boden zerstört. Bei einem Säuberungsunternehmen im französischen Raum wurden 70 Terroristen im Kampf niedergemacht.

Schweres Feuer der V 1 liegt weiterhin auf London und seinen Außenbezirken.

In Italien setzte der Feind seinen Großangriff von der Küste des Ligurischen Meeres bis in den Raum von Arezzo sowie im adriatischen Küstenabschnitt fort. Während er südlich und südöstlich von Livorno abgewiesen wurde, setzten sich unsere Truppen östlich davon kämpfend auf das Nordufer des Arno ab. Im Raum beiderseits Poggibonsi blieben stärkere Angriffe des Gegners ebenso erfolglos wie westlich Arezzo.

Südwestlich Ancona griff der Feind auf schmaler Front mit starken Panzerkräften an und erzielte unter hohen blutigen Verlusten einen tieferen Einbruch. Die schweren Kämpfe, in deren Verlauf 18 feindliche Panzer abgeschossen wurden, nahmen in den Abendstunden noch an Heftigkeit zu. Der völlig zerstörte Hafen von Ancona wurde daraufhin aufgegeben und die Front hinter den Eseno-Abschnitt dicht nördlich Ancona zurückgenommen.

Im Osten dauert die große Abwehrschlacht auf der gesamten Front zwischen Galizien und dem Peipussee an. Im Südabschnitt steigerte sich die Wucht der feindlichen Angriffe besonders östlich des oberen Bug. Hier toben schwere Kämpfe mit dem in Richtung auf Lemberg angreifenden Feind. Seit dem 14. Juli wurden in diesem Abschnitt 431 sowjetische Panzer vernichtet.

Westlich Kowel traten die Sowjets erneut zum Angriff an. Auch hier sind heftige Kämpfe im Gange. Auf dem Westufer des Njemen zerschlugen unsere Truppen im Raum von Grodno und Olita übergesetzte feindliche Kräfte. Nordwestlich Wilna wurden alle feindlichen Angriffe abgewiesen.

Im Seengebiet südlich der Düna hielten unsere Truppen den fortgesetzt angreifenden Bolschewisten unerschütterlich stand.

Nördlich der Düna bis zum Peipussee wurden Angriffe stärkerer sowjetischer Kräfte unter Abschuss zahlreicher feindlicher Panzer zerschlagen. Nur in einigen Einbruchstellen dauern die

Kämpfe noch an. Schlachtfliegerverbände vernichteten wiederum eine Anzahl sowjetischer Panzer, Geschütze sowie mehrere hundert Fahrzeuge. In Luftkämpfen und durch Flakartillerie wurden 57 feindliche Flugzeuge zum Absturz gebracht.

Ein starker nordamerikanischer Bomberverband griff im Ostseeraum an. Besonders in Kiel entstanden Schäden in Wohnvierteln und Personenverluste.

Ein weiterer Bomberverband griff Orte in Süddeutschland an.

In der Nacht fanden schwächere Angriffe gegen den Raum von Köln, gegen das Ruhrgebiet und auf Berlin statt.

Bei allen diesen Angriffen wurden in Luftkämpfen und durch Flakartillerie der Luftwaffe 89 feindliche Flugzeuge, darunter 69 viermotorige Bomber, abgeschossen.

Die vierte Sturmgruppe des Jagdgeschwaders 3 unter Hauptmann Moritz brachte allein 49 viermotorige Bomber zum Absturz.»*

Der deutsche Wehrmachtbericht vom 19. Juli 1944 beschönigt natürlich; abgesehen von der Zivilbevölkerung bei Bombenangriffen wie dem auf Kiel erleidet offenbar nur der Gegner schwere Verluste an Menschen und Material. Die Verschleierung tritt hinzu: Wenn es etwa heißt, dass der Feind «in Richtung auf Lemberg» angreift, ohne den Zusatz, dass er «zum Stehen gebracht» wird, dann sagt das im Klartext, dass die Rote Armee sich im zügigen Vormarsch befindet. Und nicht einmal aus Andeutungen geht in diesen Wochen hervor, dass die Heeresgruppe Mitte zertrümmert wurde und etwa 350 000 deutsche Soldaten in sowjetische Gefangenschaft geraten sind. Aber selbst der Laie kann erkennen, dass der Feind an allen Fronten mit weit überlegenen Kräften angreift und vorrückt. Wer nüchtern urteilt, muss daraus die Schlussfolgerung ziehen, dass die deutsche Niederlage unabwendbar geworden ist.

Vom 16. Juli stammt ein Lagebericht aus dem Westen, der nur für Hitler bestimmt ist und die deutschen Verluste ungeschminkt schildert. Er schließt mit den Worten: «Unter diesen Umständen muss damit gerechnet werden, dass es dem Feind in absehbarer Zeit – 14 Tage bis drei Wochen – gelingt, die dünne eigene Front ... zu durchbrechen und in die Weite des französischen Raumes zu stoßen. Die Folgen werden unabsehbar sein. – Die Truppe kämpft allerorts heldenmütig, jedoch der ungleiche Kampf neigt sich dem Ende entgegen. Ich muss Sie bitten, die Folgerungen aus dieser Lage unverzüglich zu ziehen ... Rommel, Generalfeldmarschall.»* Einen Tag später wird der Feldmarschall bei einem Tieffliegerangriff schwer verwundet.

Wie wir wissen, hat Hitler keine Folgerungen gezogen – außer schließlich der, Rommel zum Selbstmord zu zwingen. Aber ein junger Oberst im Generalstab machte sich nun auf, um auf seine Weise den Schlusspunkt zu setzen.*

Am Donnerstag, dem 20. Juli 1944, verbirgt sich die aufgehende Sonne zunächst hinter Morgennebeln. Doch dann steigt ein heißer Hochsommertag herauf.

6.00 Uhr. Wagen und Fahrer stehen vor dem Haus in der Tristanstraße. Claus Stauffenberg verlässt das Haus; sein Ziel ist der Flughafen Rangsdorf südlich von Berlin. Gegen 6.45 Uhr trifft er dort ein; Generalmajor Stieff und Stauffenbergs Adjutant Werner von Haeften erwarten ihn dort. Eine Transportmaschine vom Typ Ju 52, die der Quartiermeister im Oberkommando des Heeres, General Eduard Wagner, zur Verfügung gestellt hat, wartet abflugbereit. Haeften trägt in seiner Aktentasche zwei Sprengstoffpakete von jeweils knapp einem Kilo Gewicht bei sich.

8.00 Uhr. Wegen des Morgennebels startet die Maschine mit einer Stunde Verspätung. Gegen 10.15 Uhr landet sie auf dem

Oberleutnant Werner von Haeften. Er begleitete Stauffenberg bei seinem Attentatsversuch und in den Tod.

Flugplatz von Rastenburg in Ostpreußen. Das Führerhauptquartier «Wolfsschanze» liegt etwa sechs Kilometer entfernt.

10.30 Uhr. Stauffenberg trifft im «Sperrkreis II» ein, wird dort vom Adjutanten der Kommandantur, Rittmeister von Möllendorf, begrüßt und frühstückt mit anderen Offizieren. Anschließend betritt er den «Sperrkreis I» und meldet sich gegen 11.30 Uhr oder kurz danach beim Feldmarschall Keitel. Er erfährt, dass die Lagebesprechung um eine halbe Stunde vorverlegt worden ist, weil Hitler am Nachmittag den Besuch Mussolinis erwartet*. Die Zeit, die Stauffenberg zum Scharfmachen der Bombe zur Verfügung steht, schrumpft damit gefährlich zusammen.

12.20 Uhr. Keitel begibt sich zur «Lagebaracke». Sie heißt so, weil hier in der Regel die Lagebesprechungen stattfinden. Die Vermutung, dass Stauffenbergs Anschlag misslungen sei, weil er mit einem Bunker gerechnet hatte, in dem die Druckwelle der Explosion tödlich gewesen wäre, während sie in der Baracke durch die Fenster oder durch die berstenden Holzwände ins Freie verpuffte, ist abwegig. Schon seit seinem vorigen Besuch wusste der Attentäter, wo tagsüber die Besprechungen stattfanden. Im Übrigen war diese «Baracke» mit Ziegelsteinen ummauert und besaß eine Betondecke.

Stauffenberg bittet Keitels Adjutanten, Major Ernst John von Freyend, um einen Raum, in dem er sich frisch machen und das

Hemd wechseln kann. Der Major stellt ihm das eigene Zimmer zur Verfügung.

12.22 Uhr. Stauffenberg trifft Haeften, und beide betreten den zugewiesenen Raum, um den Säure-Zeitzünder der Bombe scharf zu machen. Das ist durchaus keine einfache Sache, zumal nicht für einen Menschen, der nur noch über drei Finger seiner linken Hand verfügt. Stauffenberg benutzt eine Flachzange, die eigens für diesen Zweck hergerichtet worden ist.

12.27 Uhr. Ein Oberfeldwebel Vogel, vom Major John von Freyend geschickt, betritt unversehens den Raum und stößt dabei Stauffenberg die Tür in den Rücken. Er meldet, dass General Fellgiebel dringend den telefonischen Rückruf des Herrn Obersten erwartet. Er sieht, dass die beiden Offiziere «an derselben Sache hantieren» und Haeften hastig Papiere einsammelt, aber er kann sich keinen Reim darauf machen. Wolfgang Venohr hat den Zwischenfall so kommentiert: «Dieser höchst überflüssige Anruf des Mitverschwörers Fellgiebel, der zu dem dramatischen Auftritt des Oberfeldwebels Vogel geführt hat, verhindert, dass Stauffenberg auch noch die zweite Sprengladung schärfen kann, die nun Haeften in seiner Aktentasche verschwinden lässt.»

Das mag gut gemeint sein, um einen folgenschweren Fehlgriff zu entschuldigen, aber es trifft den Sachverhalt nicht. Wäre das zweite Sprengstoffpaket neben dem ersten in Stauffenbergs Aktentasche platziert worden, hätte es gar keines eigens geschärften Zünders bedurft; es wäre mit Sicherheit mitexplodiert. Alle Experten sind sich darin einig, dass die verdoppelte Sprengladung von zwei Kilogramm ihre Wirkung getan und niemanden am Leben gelassen hätte; nur das eine Kilogramm reichte nicht aus. Vielleicht hat Stauffenberg sich aus übergroßer Nervosität falsch verhalten. Wahrscheinlicher ist, dass die Herren Generalstabsoffiziere, in deren Mitte er stand, wenig oder nichts vom praktischen Umgang mit Sprengstoff verstanden. Arthur Nebe, der Direktor des Reichskriminalpolizeiamtes, als solcher im Generalsrang und nebenher auch SS-Obergruppenführer, der mit den Verschwörern unter einer Decke steckte und sich seit dem 20. Juli auf der Flucht befand, soll ausgerufen haben: «Hätten sie mich doch gefragt, die Idioten, wie viel Sprengstoff man braucht!»* Aber fürs Gangsterhandwerk waren Männer wie Stauffenberg nun einmal nicht geschaffen. Und jetzt bleibt keine Zeit mehr; bis zur Lagebaracke muss der Attentäter noch 400 Meter zu Fuß zurücklegen.

12.30 Uhr. Die Lagebesprechung beginnt auf die Minute pünktlich; der Chef der Operationsabteilung des Heeres, Generalleutnant Heusinger, berichtet zunächst über die Lage an der Ostfront. Im Raum befinden sich insgesamt 24 Personen. Sie haben sich um einen großen Tisch mit schwerer Holzplatte versammelt, auf dem das Kartenmaterial ausgebreitet ist. Der Tisch ruht auf zwei massigen Sockeln aus Eichenholz.

12.32 Uhr. Stauffenberg betritt den Raum, und Hitler blickt kurz zu ihm auf, um sich dann wieder der Karte zuzuwenden. Stauffenberg schiebt seine Aktentasche unter den Tisch, wohl ohne zu bemerken, dass dabei einer der beiden massigen Sockel zwischen seine Sprengladung und Hitler gerät. Haeften bestellt inzwischen einen Wagen für die Rückfahrt zum Flughafen. Weil alle sich auf das konzentrieren, was Heusinger auf dem Kartentisch zeigt, fällt es niemandem auf, dass Stauffenberg – unter dem Vorwand, telefonieren zu müssen – den Raum nach etwa zwei Minuten wieder verlässt. Auf dem Vorplatz trifft er mit Fellgiebel und Haeften zusammen.

12.42 Uhr. Eine dröhnende Explosion, Stichflammen. Trümmer wirbeln umher, eine Rauchwolke steigt auf. Im Besprechungsraum werden fünf der sieben Männer, die sich neben dem Holzsockel auf der Seite der Bombe befinden, getötet, die beiden anderen schwer verwundet. Die Übrigen werden nur leicht oder gar nicht verletzt. Aber alle stürzen zunächst einmal zu Boden; einigen stehen die Haare in Flammen. Verwirrung, Schreie, undurchsichtiger Qualm.

Als Erster fasst sich Feldmarschall Keitel. Man hört seinen Ruf: «Der Führer! Wo ist der Führer?» Als auch der sich erhebt, schließt er ihn in die Arme: «Mein Führer, Sie leben, Sie leben!» Hitlers Luftwaffenadjutant, Oberstleutnant von Below, der für kurze Zeit bewusstlos war, hat berichtet: «Als ich wieder zu mir kam, sah ich um mich ein Trümmerfeld von Holz und Glasscherben. Mein erster Gedanke war, so schnell wie möglich den Raum zu verlassen. Ich erhob mich, kletterte durch eines der Fenster und lief draußen um die Baracke herum zum Haupteingang. Mein Kopf brummte, mein Gehör hatte erheblich gelitten, am Hals und Kopf blutete ich. Am Eingang der Baracke bot sich ein furchtbares Bild. Dort lagen einige Schwerverletzte, andere Verwundete taumelten umher und stürzten nieder. Hitler wurde von Feldmarschall Keitel geleitet. Er ging sicher und aufrecht. Sein Rock und seine Hose waren zerrissen, aber sonst schien es mir, dass er keine wesentlichen Verletzungen davongetragen hatte. Er ging sofort in seinen Bunker und wurde von den Ärzten betreut.»

Ungefähr eine halbe Stunde später begibt sich Below, inzwischen selbst ärztlich versorgt, zum Führer: «Ich fand Hitler in seinem Arbeitsraum sitzend. Als ich eintrat, zeigte er den lebhaften, fast frohen Ausdruck eines Menschen, der etwas Schweres erwartet und das glücklich überstanden hatte. Er fragte mich nach meinen Verletzungen und sagte, dass wir alle ungeheures Glück gehabt hätten.»*

12.43 Uhr. Stauffenberg und Haeften, die die Explosion aus etwa 200 Metern Entfernung beobachtet haben, werfen sich in den bereitgestellten Wagen. Im Davonfahren sehen sie noch,

Die verwüstete Lagebaracke in der «Wolfsschanze» nach dem Anschlag.

wie jemand auf einer Bahre aus dem Barackeneingang getragen wird, und schließen daraus, dass es der getötete Hitler ist.

12.45 Uhr. Der an der Außenwache Süd befehlende Feldwebel will Stauffenberg nicht passieren lassen, denn inzwischen ist Alarm ausgelöst worden. Stauffenberg ruft den Rittmeister von Möllendorf an, der vom Attentat noch nichts weiß und dem Feldwebel befiehlt, die Fahrt freizugeben.

13.00 Uhr. Stauffenberg und Haeften treffen auf dem Flugplatz ein und starten um 13.15 Uhr zum Rückflug nach Berlin.

Als Zwischenbemerkung: Hätte Stauffenberg nicht bleiben und sich von Hitlers Tod überzeugen müssen? Und hätte er nicht unmittelbar nach der Explosion in den zertrümmerten Besprechungsraum zurückkehren und in der allgemeinen Verwirrung den sich erhebenden Hitler mit der Pistole niederschießen sollen – auch auf die Gefahr hin, danach selbst erschossen zu werden? Nein, wohl kaum. Erstens konnte er mit den nur drei Fingern seiner linken Hand eine Pistole nur schwer handhaben. Zweitens versperrte seine eigene Aufgabe ihm den Weg und trieb ihn fort. Denn jetzt, nach dem Attentat, wurde er für den Staatsstreich dringend in Berlin benötigt.

Noch während Stauffenberg zum Flughafen fährt, ruft Fellgiebel seinen Stabschef im «Mauerwald», Oberst Hahn, an und teilt ihm mit: «Hahn, es ist etwas Furchtbares geschehen. Der Führer lebt!» Hahn leitet die Nachricht an General Wagner weiter, aber niemand unterrichtet die Verschwörer in der Bendlerstraße. Schon hier zeigt sich, welch lähmende Wirkung von der Tatsache ausgeht, dass das Attentat misslungen ist. Wertvolle Zeit verstreicht, ohne dass der «Walküre»-Alarm ausgelöst wird. Etwas später begibt sich Fellgiebel zu Hitler, um ihn zu seiner Errettung zu beglückwünschen.

15.00 Uhr. Stauffenbergs Flugzeug landet in Rangsdorf. Sein Dienstwagen, der ihn abholen soll, ist nicht da, und wieder vergeht wertvolle Zeit, bis die Luftwaffe mit Fahrer und Fahrzeug aushelfen kann.

15.05 Uhr. Von der Flughafenkommandantur aus telefoniert Haeften mit General Olbricht und meldet das *gelungene* Attentat. Danach erst ergehen die vorbereiteten Befehle. Sie beginnen mit dem Satz: «Der Führer Adolf Hitler ist tot.» Dann heißt es, wie schon einmal zitiert: «Eine gewissenlose Clique frontfremder Parteiführer hat es unter Ausnutzung dieser Lage versucht, der schwer ringenden Front in den Rücken zu fallen und die Macht zu eigennützigen Zwecken an sich zu reißen.» Daher verkündet eine «Reichsregierung» den Ausnahmezustand und überträgt die vollziehende Gewalt einem neuen Oberbefehlshaber der Wehrmacht, Feldmarschall von Witzleben. Weitere

Befehle folgen, oft mit langen statt knappen Texten. Da sie – angesichts der Dringlichkeit sehr problematisch – mit der höchsten Geheimhaltungsstufe versehen sind und erst verschlüsselt werden müssen, ergibt sich an den Fernschreibern bald ein fast hoffnungsloser Übermittlungsstau.

15.45 Uhr. Stauffenberg trifft in der Bendlerstraße ein.

Etwa 16.00 Uhr. Olbricht und Stauffenberg begeben sich zum Generalobersten Fromm. Der hat inzwischen mit Keitel telefoniert und erfahren, was geschehen und nicht geschehen ist. Damit sind alle Hoffnungen zerstört, ihn als Mittäter zu gewinnen. Olbricht beginnt das Gespräch mit der Nachricht, dass Hitler tot ist.

Fromm: «Das ist unmöglich. Keitel hat mir das Gegenteil versichert.»

Stauffenberg: «Der Feldmarschall Keitel lügt wie immer. Ich habe selbst gesehen, wie man Hitler tot herausgetragen hat.»

Olbricht: «Angesichts dieser Lage haben wir das Stichwort für innere Unruhen an die stellvertretenden Generalkommandos gegeben.»

Fromm, aufspringend: «Das ist glatter Ungehorsam! Was heißt ‹wir›? Wer hat den Befehl gegeben?»

Olbricht: «Mein Chef des Stabes, Oberst Mertz von Quirnheim.»

Fromm: «Holen Sie mir sofort den Obersten Mertz hierher!»

Der hat schon im Nebenzimmer gewartet und tritt jetzt hinzu.

Fromm zu Mertz: «Sie sind verhaftet. Das Weitere wird sich finden.»

Stauffenberg: «Herr Generaloberst, *ich* habe die Bombe während der Besprechung mit Hitler gezündet. Es hat eine Explosion geben, als ob eine 15-Zentimeter-Granate eingeschlagen hätte. Niemand in dem Raum kann mehr leben.»

Fromm: «Graf Stauffenberg, das Attentat ist missglückt. Sie müssen sich sofort erschießen.»

Stauffenberg: «Nein, das werde ich nicht tun.»

Olbricht: «Herr Generaloberst, der Augenblick zum Handeln ist gekommen. Wenn wir jetzt nicht losschlagen, wird unser Vaterland für immer zugrunde gehen.»

Fromm: «Dann sind auch Sie, Olbricht, an diesem Staatsstreich beteiligt?»

Olbricht: «Ja, aber ich stehe nur am Rande des Kreises, der die Regierung in Deutschland übernehmen wird.»

Fromm: «Ich erkläre Sie hiermit alle drei für verhaftet!»

Olbricht: «Sie können uns nicht verhaften. Sie täuschen sich über die wahren Machtverhältnisse. Wir verhaften Sie!»

Es entsteht ein kurzes Handgemenge. Einige junge Offiziere, die bereitstehen, machen dem ein Ende. Fromm gibt zunächst einmal auf und lässt sich in einem Nebenraum festsetzen. Inzwischen treffen verschiedene Mitverschworene ein, darunter die Generalobersten Ludwig Beck, der frühere Generalstabschef des Heeres, der 1938 zurücktrat und jetzt Oberbefehlshaber des Heeres werden soll, und Erich Hoepner, von Hitler während der Winterkrise 1941 / 42 aus der Armee ausgestoßen, der als Nachfolger von Fromm den Befehl über das Ersatzheer übernimmt.

16.25 Uhr. Der Kommandeur des Berliner Wachbataillons «Großdeutschland», Major Remer, Träger des Ritterkreuzes mit Eichenlaub, hat vom Standortkommandanten die Anweisung erhalten, das Regierungsviertel abzuriegeln, und erteilt die entsprechenden Befehle.

Die nächsten Stunden, bis in den Abend, in die Nacht hinein, verbringt Stauffenberg ohne Pause am Telefon. Er kämpft mit all seiner Energie, versucht zu überzeugen, den Zweifel abzuwenden, er befiehlt, beschwört: «Hier Stauffenberg – jawohl, ja, alles Befehl des B. d. E. [Befehlshaber des Ersatzheeres] – ja-

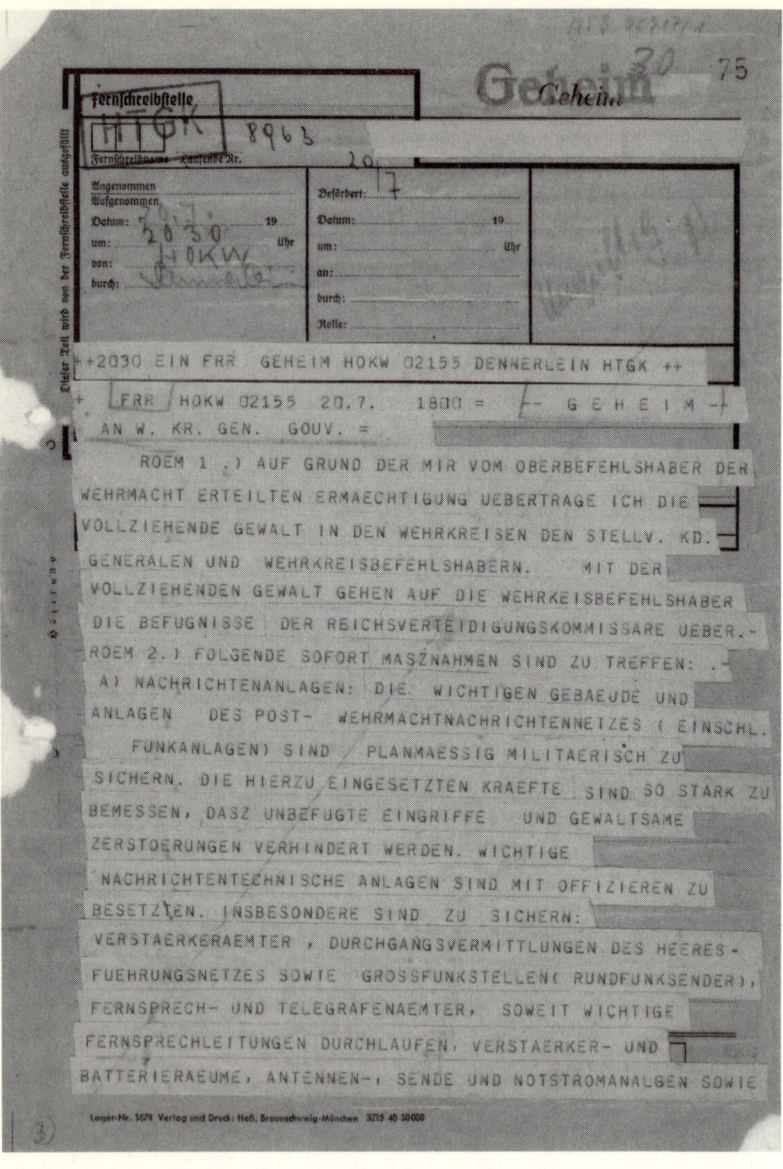

Eines der Fernschreiben der Verschwörer im Rahmen der
«Walküre»-Befehle vom 20. Juli 1944.

wohl, es bleibt dabei – alle Befehle sofort auszuführen – Sie müssen sofort alle Rundfunk- und Nachrichtenstellen besetzen – jeder Widerstand wird gebrochen – wahrscheinlich bekommen Sie Gegenbefehle aus dem Führerhauptquartier – die sind nicht autorisiert – nein – die Wehrmacht hat die vollziehende Gewalt übernommen – niemand außer dem B. d. E. ist autorisiert, Befehle zu erteilen – haben Sie verstanden? – Jawohl, das Reich ist in Gefahr – wie immer in Stunden der höchsten Gefahr hat der Soldat jetzt die Vollzugsgewalt – ja, Witzleben ist zum Oberbefehlshaber ernannt – besetzen Sie alle Nachrichtenstellen – klar?»

Doch sogar in Berlin ist durchaus nicht alles klar. Der Zugriff auf den Rundfunk, den Deutschlandsender in der Masurenallee, misslingt. Zwar besetzt ein Stoßtrupp aus der Infanterieschule in Döberitz den Sender, und der Leiter dieses Stoßtrupps, Major Jakob, befiehlt dem Intendanten, den Betrieb einzustellen. Der nickt und meldet nach kurzer Zeit den Vollzug. Aber der Major versteht nichts von der Nachrichtentechnik, und der Spezialist, der hierfür vorgesehen ist, trifft nicht ein. Der zentrale Schaltraum befindet sich ohnehin nicht im Funkhaus, sondern kriegsbedingt in einem Bunker nebenan, und der Sendebetrieb läuft ungestört weiter.

18.28 Uhr. Alle deutschen Rundfunksender verbreiten eine Sondermeldung: «Auf den Führer wurde heute ein Sprengstoffanschlag verübt … Der Führer selbst hat außer leichten Verbrennungen und Prellungen keine Verletzungen erlitten. Er hat unverzüglich darauf seine Arbeit wieder aufgenommen und – wie vorgesehen – den Duce [Mussolini] zu einer längeren Aussprache empfangen. Kurze Zeit nach dem Anschlag traf der Reichsmarschall beim Führer ein.» Diese Sondermeldung wird dann noch mehrfach wiederholt. Inzwischen telefoniert Keitel beinahe ebenso eifrig wie Stauffenberg, und um 20.25 Uhr verbreitet Hitlers Parteisekretär Martin Bormann das erste einer Serie von Blitztelegrammen an die Gauleiter, die in den Provinzen befehlen. Es lautet:

«Eilt sehr! Sofort auf den Tisch! Gleichzeitig mit dem Mordversuch auf den Führer haben Generale des Heeres einen Putschversuch, der mit allen Mitteln unterdrückt werden muss und werden wird, unternommen. Es ist notwendig, dass Sie sofort alle sich aus dieser Lage ergebenden Konsequenzen ziehen und dass Sie äußerste Vorsicht walten lassen. Nur Befehle des Führers Adolf Hitler oder seiner Männer haben Gültigkeit, nicht Befehle abtrünniger, reaktionärer Generale. Dem Reichsführer SS [Heinrich Himmler] übertrug der Führer alle notwendigen Vollmachten. Nehmen Sie daher sofort Verbindung mit Ihren zuständigen Polizeiführern auf. Sie sind dafür verantwortlich, dass Sie die Führung in Ihren Gauen auf jeden Fall fest in der Hand behalten. Heil Hitler! gez. M. Bormann.»

Es ist vorstellbar, dass Stauffenberg über den toten Hitler gesiegt hätte. Gegen den lebenden hat er keine Chance. Selbst mitverschworene Generale wie Wagner, Stieff oder Fellgiebel stellen sich ja taub, seit sie die Wahrheit kennen. Und andere Befehlshaber überall im Reich und in den besetzten Gebieten, die nicht näher eingeweiht sind, wollen angesichts der sich widersprechenden Meldungen erst recht nichts riskieren. Charakteristisch die Reaktion des Feldmarschalls von Kluge, inzwischen Oberbefehlshaber im Westen, als man ihn zum Handeln drängt: «Ja, wenn das Schwein tot wäre …»*

Nur in Kassel, in Wien und in Prag kommt vorübergehend einiges in Gang. Am weitesten gedeiht der Staatsstreich unter Führung des Generals Karl-Heinrich von Stülpnagel in Paris.* Stoßtrupps nehmen alle SS-Leute und Angehörigen des Sicherheitsdienstes (SD) fest, insgesamt etwa 1200 Mann, und das gelingt ohne Schwierigkeiten. Als sich dann herausstellt, dass Hit-

ler überlebt hat und die Erhebung im Reich schon zusammengebrochen ist, entwickelt sich eine gespenstische Szene: Die
eben noch verhafteten, nun wieder freigelassenen Führer der SS
und des SD treffen sich mit den Führern des Staatsstreichs im
Hotel «Raphael» und reichen einander die Hand. Es geht hoch
her, der Champagner fließt in Strömen; man spricht von einem
«Missverständnis» und sucht nach einer Sprachregelung. Denn
auch die SS- und SD-Führer wissen, dass sie sich mit ihrem
Mangel an Widerstand lächerlich gemacht haben und besser
nicht auf einer genauen Untersuchung bestehen. Tatsächlich ist
sie ausgeblieben; nur Stülpnagel und sein Adjutant Cäsar von
Hofacker – ein Vetter Stauffenbergs – wurden zur Rechenschaft
gezogen. Stülpnagel unternahm einen Selbstmordversuch,
schoss sich aber nur blind und wurde am 30. August 1944 in Berlin-Plötzensee hingerichtet. Hofacker, am 20. Dezember 1944
hingerichtet, brachte es fertig, bei seiner Verhandlung vor dem
Volksgerichtshof, bei der das Todesurteil von vorneherein fest-
stand, dem schreienden Vorsitzenden Roland Freisler ins Wort
zu fallen: «Sie schweigen jetzt, Herr Freisler. Denn heute geht es
um meinen Kopf. In einem Jahr geht es um Ihren Kopf.»

Zurück nach Berlin, 19.15 Uhr. Major Remer hat sich von einem
seiner Offiziere dazu überreden lassen, den Propagandaminister Dr. Joseph Goebbels aufzusuchen. Goebbels stellt eine Tele-
fonverbindung mit Hitler her, der Remer sagt:
   «Hören Sie mich? Erkennen Sie meine Stimme?»
   «Jawohl, mein Führer!» (Hitler persönlich hat einige Monate
zuvor Remer das Eichenlaub zum Ritterkreuz überreicht.)
   «Ich lebe also. Das Attentat ist misslungen. Eine kleine
Clique ehrgeiziger Offiziere wollte mich beseitigen … Aber jetzt
haben wir die Saboteure der Front. Wir werden mit dieser Pest
kurzen Prozess machen! … Sie erhalten von mir den Auftrag, so-

fort die Ruhe und Sicherheit in der Reichshauptstadt wieder-
herzustellen; wenn nötig, mit Gewalt! Sie werden mir zu diesem
Zweck persönlich so lange unterstellt, bis der Reichsführer SS in
der Reichshauptstadt eintrifft.»
Zumindest für Remer ist damit alles klar, und er handelt
entsprechend. Er fängt alle Wehrmachteinheiten und Stoßtrupps ab, die jetzt – fatal verspätet – in der Stadtmitte eintref-
fen, und unterstellt sie seinem Kommando. Wegen seiner Ver-
dienste um die Niederschlagung des Putsches wird er wenig
später zum General befördert.

20.00 Uhr. Feldmarschall von Witzleben erscheint in der
Bendlerstraße, mit dem Marschallstab in der Hand. Unterwegs
ist er schon bei General Wagner gewesen und hat erfahren, dass
nichts oder kaum etwas so läuft wie geplant. «Schöne Schwei-
nerei das!», erklärt er und schlägt mit der Faust auf den Tisch. Es
kommt zu erregten Auseinandersetzungen. Schließlich lehnt
Witzleben es ab, unter solchen Umständen den Oberbefehl zu
übernehmen, und fährt nach Hause.

Aber sogar danach setzt Stauffenberg unentwegt seine Versuche fort, durch Beschwörungen am Telefon den Staatsstreich
in Gang zu halten oder in Gang zu bringen. Die Generalobersten
Hoepner und Beck sind ihm dabei keine Hilfe. Hoepner äußert
nur Belangloses, und Beck bringt kaum einen zusammenhän-
genden Satz zustande. Augenzeugen haben später ausgesagt:
«Die ganze Last der Befehlsgebung ruhte auf Stauffenberg.»

Ab 22.00 Uhr. In der Bendlerstraße werden viele Offiziere
unruhig. General Olbricht beruft eine Versammlung ein und erklärt: «Meine Herren, wir haben schon lange die Entwicklung
mit großer Sorge betrachtet. Es hat sich zweifellos eine Katastrophe angebahnt. Es mussten Maßnahmen ergriffen werden,
um dieser Sache vorzubeugen. Diese Maßnahmen sind jetzt zur
Auslösung gekommen. Ich bitte Sie, mich zu unterstützen.»

Die Offiziere ziehen sich zur Beratung zurück, aber die meisten sind mit dieser Erklärung nicht zufrieden. Sie erkennen, dass sie sich entscheiden müssen – und sei es, um ihre eigene Haut zu retten. «Für oder gegen Hitler?», heißt ihre Parole. Sie bewaffnen sich mit Pistolen, Maschinenpistolen, Karabinern und Handgranaten.

Olbricht sagt unterdessen in seinem Zimmer zu einem Vertrauten: «Der Führer lebt und hat Gegenmaßnahmen ergriffen … Mit mir und meinem Vorhaben ist es aus … Stauffenberg, das Spitzenpferd, und ich werden nun zur Verantwortung gezogen! Und ich kann mich ihr nicht entziehen … Sagen Sie meiner Frau, so wie der Soldat in der Schlacht fällt, handle ich hier nach meiner Überzeugung.»

Die Gegenputschisten stürmen durch die Korridore des Bendlerblocks zu Olbrichts Zimmer. Mit vorgehaltener Maschinenpistole fragt jemand: «Herr General, sind Sie für oder gegen den Führer?» Olbricht schweigt. In diesem Augenblick telefoniert Stauffenberg noch einmal mit Paris und beendet dann das Gespräch: «Die Schergen lärmen schon draußen auf dem Flur. Es ist aus …» Eine Sekretärin hört ihn halb zu ihr, halb zu sich sagen: «Sie haben mich ja alle im Stich gelassen.»

Kurz darauf erscheint Stauffenberg in Olbrichts Zimmer und wird sofort umringt. Er reißt sich los und läuft zurück in den eigenen Dienstraum, wo er seine Pistole ergreift. Auf dem Flur kommt es zu einem kurzen Kugelwechsel. Stauffenberg wird durch einen Streifschuss am Arm verwundet und überwältigt.

Inzwischen ist auch eine Kampfgruppe vom Remers Wachbataillon eingetroffen, offenbar von der Nachrichtenzentrale herbeigerufen und geführt von Oberleutnant Rudolf Schlee, der später zu Protokoll gegeben hat: «Am Haupteingang Bendlerstraße 11–13 ging es toll zu. Offiziere, welche mit Maschinenpistolen bewaffnet waren, rannten umher und versuchten, Befehle

Stauffenbergs Arbeitszimmer im Bendlerblock, heute ein Aus-
stellungsraum der Gedenkstätte Deutscher Widerstand.

zu geben und Anordnungen zu treffen. In rücksichtslosem
Durchgreifen wurde jeder festgenommen, der sich mir wider-
setzte, und in die Pförtnerloge gesperrt. Ein Oberst und ein
Oberstleutnant wurden mit Gewalt entwaffnet. Es galt vorerst,
möglichst jede Schießerei zu vermeiden, denn ich war mir bewusst, dass der erste Schuss Auftakt zu einer wüsten Knallerei
geworden wäre. Dies wollte ich vermeiden. Nachdem wir den

Haupteingang in Besitz genommen hatten, beauftragte ich ein Kommando von zwanzig Mann, den Männern der Nachrichtenzentrale zu Hilfe zu eilen. An allen Eingängen wurden Maschinengewehre aufgebaut.»

Der befreite Generaloberst Fromm, mit der Pistole in der Hand und von anderen Bewaffneten gefolgt, betritt sein Dienstzimmer, in das man die Verschwörer Beck, Hoepner, Olbricht, Mertz von Quirnheim, Haeften und Stauffenberg gebracht hat. Er sagt: «So, meine Herren, jetzt mache ich es mit Ihnen so, wie Sie es heute Nachmittag mit mir gemacht haben.» Ein Standgericht werde unverzüglich zusammentreten und über die Hochverräter das Urteil sprechen. Kurze Stille.

Beck, der an einem Tisch gesessen hat, steht auf und wendet sich an Fromm: «Mein lieber Fromm ... Ihr Urteil mag gerecht ... und mag auch notwendig sein ... Denken Sie an die Jahrzehnte unserer langen Soldatenzeit ..., unsere lange ... lange Kameradschaft. Ich bitte Sie, mir zu gestatten, dass ich dieses ... Ihr Urteil ... selbst an mir vollziehe.»

Fromm zögert für einen Augenblick, dann überreicht er Beck die eigene Pistole. Der schießt zweimal, verwundet sich aber nur und taumelt blutüberströmt. Stauffenberg springt herbei und hilft ihm in einen Sessel. Etwas später erhält Beck von einem Feldwebel des Wachbataillons den Gnadenschuss.

Fromm weiter: «Und Sie, meine Herren, wenn Sie noch irgendetwas aufzuschreiben haben, Sie haben noch einen Augenblick Zeit.» Hoepner und Olbricht machen von dieser Möglichkeit Gebrauch, die anderen stehen schweigend.

Fromm verlässt den Raum und kehrt nach wenigen Minuten zurück. Er fragt: «So, meine Herren, sind Sie fertig? Bitte beeilen Sie sich, damit es für die anderen nicht zu schwer wird.» Hoepner und Olbricht schließen ihre Briefe ab und erheben sich. Fromm erklärt:

«Im Namen des Führers hat ein Standgericht stattgefunden. Das Standgericht hat vier Herren zum Tode verurteilt, nämlich folgende Herren: den Oberst im Generalstab Mertz, den General der Infanterie Olbricht, diesen Oberst [er deutet auf Stauffenberg], dessen Namen ich nicht mehr kenne, und diesen Oberleutnant [Haeften].»

Stauffenberg tritt um einen Schritt vor und sagt mit fester Stimme: «Alles, was heute geschehen ist, wurde durch meine Befehle veranlasst. Nur das, was ich sagte, wurde getan. Alle haben als Soldaten, als meine Untergebenen, nur auf mich gehört, so wie sie es tun mussten. Sie trifft darum überhaupt keine Schuld. Ich bin es allein, der alles zu verantworten hat. Ich allein bin daher schuldig.»

Natürlich nützt das nichts mehr, und militärisch betrachtet ist es auch abwegig. Olbricht und Mertz von Quirnheim waren keine Untergebenen, die Befehlen gehorchten. Aber in einem tieferen Sinne trifft es dennoch zu: Claus Stauffenberg war das Herz und der Kopf der Verschwörung; er riss die anderen mit sich.

Fromm wendet sich an den Leutnant Werner Schady vom Wachbataillon: «Sie nehmen ein paar Leute und werden sofort unten auf dem Hof das Urteil vollstrecken! Ich zeige Ihnen noch einmal die Herren, damit ich genau weiß, dass Sie sie richtig erkennen.» Er weist auf Mertz, Olbricht, Stauffenberg und Haeften. Generaloberst Hoepner wird wenig später ins Wehrmachtuntersuchungsgefängnis in der Lehrter Straße abgeführt. Der Zeiger der Uhr rückt auf Mitternacht vor.

Freitag, der 21. Juli 1944, 00.01 Uhr. Hitler spricht über alle Sender des Großdeutschen Rundfunks.* Er sagt:

«Deutsche Volksgenossen und Volksgenossinnen!

Ich weiß nicht, zum wievielten Male nunmehr ein Attentat

auf mich geplant und zur Ausführung gekommen ist. Wenn ich heute zu Ihnen spreche, dann geschieht es aus zwei Gründen:

Erstens, damit Sie meine Stimme hören und wissen, dass ich selbst unverletzt und gesund bin.

Zweitens, damit Sie aber auch das Nähere erfahren über ein Verbrechen, das in der deutschen Geschichte seinesgleichen sucht.

Eine ganz kleine Clique ehrgeiziger, gewissenloser und zugleich verbrecherischer, dummer Offiziere hat ein Komplott geschmiedet, um mich zu beseitigen und zugleich mit mir den Stab praktisch der deutschen Wehrmachtführung auszurotten.

Die Bombe, die von dem Oberst Graf von Stauffenberg gelegt wurde, krepierte zwei Meter an meiner rechten Seite. Sie hat eine Reihe mir teurer Mitarbeiter sehr schwer verletzt, einer ist gestorben. Ich selbst bin völlig unverletzt bis auf ganz kleine Hautabschürfungen, Prellungen oder Verbrennungen. Ich fasse es als eine Bestätigung des Auftrags der Vorsehung auf, mein Lebensziel weiter zu verfolgen, so wie ich es bisher getan habe. Denn ich darf es vor der ganzen Nation feierlich gestehen, dass ich seit dem Tage, an dem ich in die Wilhelmstraße einzog, nur einen einzigen Gedanken hatte, nach bestem Wissen und Gewissen meine Pflicht zu erfüllen, und dass ich, seit mir klar wurde, dass der Krieg ein unausbleiblicher war und nicht mehr aufgeschoben werden konnte, eigentlich nur Sorge und Arbeit kannte und in zahllosen Tagen und durchwachten Nächten nur für mein Volk lebte.

Es hat sich in einer Stunde, in der die deutschen Armeen in schwerstem Ringen stehen, ähnlich wie in Italien, nun auch in Deutschland eine ganz kleine Gruppe gefunden, die nun glaubte, wie im Jahre 1918 den Dolchstoß in den Rücken führen zu können. Sie hat sich diesmal aber schwer getäuscht. Die Behauptung dieser Usurpatoren (Leute, die widerrechtlich die

Staatsgewalt an sich reißen), dass ich nicht mehr lebe, wird jetzt in diesem Augenblick widerlegt, da ich zu euch, meine lieben Volksgenossen, spreche. Der Kreis, den diese Usurpatoren darstellen, ist ein denkbar kleiner. Er hat mit der deutschen Wehrmacht und vor allem mit dem deutschen Heere nichts zu tun. Es ist ein ganz kleiner Klüngel verbrecherischer Elemente, der jetzt unbarmherzig ausgerottet wird.»

00.10 Uhr. Aus der Bendlerstraße wird ein Fernschreiben verbreitet: «An alle Dienststellen, die Befehle der genannten Generale erhalten haben: Putschversuch von unverantwortlichen Generälen blutig niedergeschlagen. Sämtliche Anführer erschossen. Befehle von Generalfeldmarschall v. Witzleben, Generaloberst Hoepner, General Beck und General Olbricht sind nicht zu befolgen. Ich habe die Befehlsgewalt wieder übernommen, nachdem ich vorübergehend durch Waffengewalt festgenommen war. gez. Fromm, Generaloberst»

00.15 Uhr. Vor einem Sandhaufen im Hof des Bendlerblocks, im Licht von Autoscheinwerfern, finden die Erschießungen statt, zu denen zehn Unteroffiziere des Wachbataillons aufmarschiert sind. Leutnant Schady kommandiert: «Zur Salve – legt an! – Gebt – Feuer!»

Unmittelbar bevor er stirbt, ruft Claus Stauffenberg sein letztes Wort. Wie es genau lautete, bleibt umstritten. In verschiedenen Berichten liest man: «Es lebe Deutschland» – «Es lebe Deutschland, ohne den Führer!» – «Es lebe das heilige Deutschland!» – «Es lebe das geheiligte Deutschland!» – «Es lebe unser heiliges Deutschland!» – «Heiliges Deutschland!»*

Doch was gemeint war, leuchtet aus jeder dieser Spielarten hervor.

HIER STARBEN
FÜR
DEUTSCHLAND
AM 20. JULI 1944

GENERALOBERST LUDWIG BECK
GENERAL DER INFANTERIE FRIEDRICH OLBRICHT
OBERST CLAUS GRAF SCHENK VON STAUFFENBERG
OBERST ALBRECHT RITTER MERTZ VON QUIRNHEIM
OBERLEUTNANT WERNER VON HAEFTEN

Gedenktafel am Hinrichtungsort im Hof des ehemaligen Bendlerblocks.
Generaloberst Ludwig Beck starb allerdings nicht hier, sondern
in einem Raum des Gebäudes.

«Ohne jedes Erbarmen»

Hitlers Rache

Was wäre geworden, wenn Stauffenbergs Attentat und der Staatsstreich zum Erfolg geführt hätten? Zweierlei erscheint als wahrscheinlich oder sogar als sicher: Die Alliierten wären von ihrer Forderung nach bedingungsloser Kapitulation nicht abgewichen. Die entscheidenden Schlachten waren ohnehin schon geschlagen, und der Sieg stand ihnen vor Augen. Insofern hätte sich am Kriegsausgang, an der Besetzung Deutschlands und an der Aufteilung des Landes in Besatzungszonen kaum etwas geändert.

Aber der Krieg wäre früher ans Ende gekommen; Hunderttausende von Soldaten, Millionen von Menschen hätten nicht mehr sterben müssen, und Dresden wie vielen anderen Städten wäre der vernichtende Feuersturm erspart geblieben. Diese Abwendung von Tod und Zerstörung fällt schwer ins Gewicht.

Die Zweifel beginnen an einem anderen Punkt. Wäre womöglich, wie schon Tresckow es befürchtet hatte, eine neue Dolchstoßlegende entstanden, kaum noch auszurotten, die Hitler fortan als einen Märtyrer umstrahlte, als den Mann, den Verräter daran hinderten, seine Mission zu vollenden und den «Endsieg» zu erringen? Musste seine Herrschaft, um sie nicht nur äußerlich zu beseitigen, sondern auch aus den Köpfen und Herzen zu vertilgen, ausbrennen bis zum Letzten, um sich mit ihrem schmählichen Ende selbst zu entlarven?

Joachim Fest hat das verneint und geschrieben: «Goerdelers

Zuversicht, dass ein Aufschrei der Empörung durch die Öffentlichkeit gehen werde, sobald ihm und seinen Freunden ‹nur vierundzwanzig Stunden lang› die Mikrophone zur Verfügung stünden und die Wahrheit über die Verbrechen des Regimes ungehindert verbreitet werden dürfe, stand zwar auf keinem gesicherten Grund … Aber sie enthielt einen zutreffenden Kern. Das Dritte Reich hat wohl eine umfangreiche Literatur der persönlichen Apologien [Rechtfertigungen] hervorgebracht, doch nicht einen einzigen nennenswerten Versuch, es historisch-moralisch freizusprechen. Der Schock über jene gewaltige Verbrechensspur, auf den Goerdeler gesetzt hatte, stand immer dagegen. Wie überhaupt zu sagen ist, dass die totalitären Systeme jenseits der sektiererischen Zirkel, die mit dem Dahingegangenen zugleich die entschwundenen eigenen Lebenschancen betrauern, unfähig sind, ihre Legende zu erfinden. Sie überleben ihr Ende nicht.»*

Doch die Zweifel bleiben. In einem seiner «Moabiter Sonette», die er 1945 in der Todeszelle schrieb, hat der Widerstandskämpfer Albrecht Haushofer gesagt:

«Das Ende wittern selbst erprobte Toren.
Doch kann der Krieg nicht enden dieses Mal,
bis kein Gefreiter mehr, kein General
behaupten darf, er wäre nicht verloren.

Was half es, dass der wägende Verstand
Die Rechnung führte bis zum letzten Schluss!
Der Wahn begreift nur, was er fühlen muss.

Der Wahn allein war Herr in diesem Land.
In Leichenfeldern schließt sein stolzer Lauf
und Elend, unermesslich, steigt herauf.»*

War dieses elende Ende nicht nötig, um den Wahn zu vertilgen? Übrigens ist sogar noch nach 1945 der deutsche Widerstand äußerst unpopulär gewesen. Viele Jahre und große Mühen waren nötig, um seine halbwegs gerechte Würdigung durchzusetzen.

Der überlebende Hitler verschwendete an das Nachher keine Gedanken. Er wollte jetzt seine Rache. Er wütete gegen «diese gemeinsten Kreaturen, die jemals den Soldatenrock in der Geschichte getragen haben, dieses Gesindel, das sich aus der einstigen Zeit herübergerettet hat». Er erklärte: «Diesmal werde ich kurzen Prozess machen. Diese Verbrecher … sollen nicht die ehrliche Kugel bekommen, sie sollen gehängt werden wie gemeine Verbrecher.» «Wie Schlachtvieh!», hieß es an anderer Stelle. «Ein Ehrengericht soll sie aus der Wehrmacht ausstoßen, dann kann ihnen als Zivilisten der Prozess gemacht werden … Und innerhalb von zwei Stunden nach Verkündigung des Urteils muss es vollstreckt werden! Die müssen sofort hängen ohne jedes Erbarmen!»*

Noch am Abend des 20. Juli wurde Heinrich Himmler, der «Reichsführer SS», zum neuen Oberbefehlshaber des Ersatzheeres ernannt. (Dem Generaloberstne Fromm half alle seine Wendigkeit nicht. Als ein Mitwisser, der geschwiegen hatte, wurde er verhaftet und hingerichtet.) Etwas später wurde der nicht nur in Deutschland, sondern international übliche militärische Gruß abgeschafft. Auch die Wehrmacht musste nun den Arm zum Hitlergruß emporrecken: ein Sinnbild für ihre Unterwerfung unter die Allmacht des «Führers».

Himmler ließ Stauffenberg und die mit ihm Erschossenen, die man eilig auf dem Matthäi-Friedhof verscharrt hatte, wieder ausgraben, verbrennen und ihre Asche über die Felder verstreuen. Denn «wir wollen von diesen Leuten, auch von denen, die jetzt hingerichtet werden, nicht die geringste Erinnerung in irgendeinem Grabe oder an einer sonstigen Stätte haben». (Inzwischen ist die Bendler- zur Stauffenbergstraße umbenannt worden, und im Bendlerblock befindet sich eine Gedenkstätte.) Ein paar Tage später schwärmte Himmler von der einstigen Blutrache und erklärte unter dem Beifall der um ihn versammelten Gauleiter über den Attentäter: «Dieser Mann hat Verrat geübt, das Blut war schlecht, da war Verräterblut drin, das wird ausgerottet. Und bei der Blutrache wurde ausgerottet bis zum letzten Glied in der ganzen Sippe. Die Familie Graf Stauffenberg wird ausgelöscht werden bis ins letzte Glied!»*

Dazu ist es dann doch nicht gekommen. Aber natürlich gab es das, was man damals die «Sippenhaft» nannte. Alle Mitglieder der Familie, sogar ein 85-jähriger Onkel und Frauen wie Männer wurden verhaftet und die Kinder – wie auch die anderer Widerstandskämpfer – von den Eltern getrennt und an einen zunächst unbekannten Ort verschleppt: nach Bad Sachsa am Harz, wie sich herausstellte. Stauffenbergs Ehefrau Nina wies man nach ergebnislosen Verhören ins Konzentrationslager Ravensbrück ein; dort kam im Januar 1945 die Tochter Konstanze zur Welt. Berthold Stauffenberg wurde als der Vertraute seines Bruders schon am 10. August 1944 zum Tode verurteilt und hingerichtet. Alexander, der andere Bruder, überlebte, weil ihm eine Beteiligung an der Verschwörung nicht nachzuweisen war und er tatsächlich an ihr keinen Anteil hatte.

Eine besondere Rolle fiel Alexanders Frau Melitta zu. Nach einigen Wochen entließ man sie aus der Haft, weil sie als Testpilotin unentbehrlich blieb. Nur musste sie sich jetzt «Schenk» statt «Gräfin Stauffenberg» nennen. Sie kümmerte sich um keine Verbote. Unbeirrbar mutig nutzte sie alle Möglichkeiten, die sie als Fliegerin besaß; mit ihrem einmotorigen «Fieseler Storch» – einem Flugzeug, das bewusst auf die Langsamkeit an-

Berthold Stauffenberg.

gelegt war – konnte sie fast überall landen. Sie spürte die Verhafteten in den Gefängnissen auf, übermittelte Nachrichten, kreiste niedrig über den Baracken der Konzentrationslager, um den Insassen ein Signal zu geben: «Ihr seid nicht vergessen.» Sie entdeckte die Kinder in Bad Sachsa, drang zu ihnen vor und überbrachte ihnen Geschenke zum Weihnachtsfest. Am 8. April 1945, auf der Suche nach ihrem verschleppten Mann mit einer alten Schulmaschine unterwegs, wurde sie von einem amerikanischen Jagdflugzeug angegriffen. Sie landete noch und starb zwei Stunden später an ihren Verletzungen.*

Wie Hitler es wollte, trat am 4. August 1944 ein «Ehrenhof» der Wehrmacht zusammen. Den Vorsitz führte der Feldmarschall von Rundstedt; zu den Beisitzern gehörten Keitel und sechs weitere Generale. Ohne jedes Beweisverfahren stieß dieser «Ehrenhof» die Offiziere, die zur Verschwörung gehörten, aus dem Heer aus und entzog sie damit dem gesetzlich vorgeschriebenen Verfahren vor einem Kriegsgericht.

Den Vorsitz bei den Schauprozessen, die am 7. August begannen, führte der Präsident des «Volksgerichtshofs», Roland Freisler. 1893 geboren, geriet er im Ersten Weltkrieg in russische Gefangenschaft. Nach der bolschewistischen Revolution war er zum Kommunisten geworden und sogar zum politischen Kommissar aufgerückt. Doch dann, mit einem Gespür für das Kommende, wechselte er die Front. 1925 wurde er Mitglied der Hitlerbewegung und begann im «Dritten Reich» eine steile Karriere. Er trat für ein «Gesinnungsstrafrecht» ein, das heißt dafür, dass ein politisch Angeklagter nicht erst für die begangene Tat, sondern bereits für seine Gesinnung bestraft wurde. Am 3. Februar 1945 kam Freisler bei einem Luftangriff ums Leben. Joachim Fest hat ihn so beschrieben:

«Seine lärmende, herrische Verhandlungsführung mit dem Ziel, wie er gelegentlich bekannte, den Angeklagten zu ‹atomisieren›, hatte nicht zuletzt mit seinem theatralischen Temperament zu tun, den radikalen Posen, die er liebte, dem ausgekosteten Nachweis, Herr über Leben und Tod zu sein, dem die Unterwürfigkeit gegenüber Hitler nur zu genau entsprach. Er spielte gern seine Rollen aus, gab sich entrüstet, sarkastisch, leutselig und mitunter auch als Freund des scharfen Dialogs. Im Ganzen war er eine Figur, wie sie in turbulenten, die Begriffe wie die Werte durcheinander werfenden Zeiten nach oben kommt, und der erste Leiter der preußischen Gestapo, Rudolf Diels, hat von ihm gesagt, er sei ‹glänzender, geschmeidiger und teuflischer als irgendwer in der Ahnenreihe der revolutionären Ankläger› gewesen. Trotz aller abstoßenden Züge, seiner offenen Lust an der Infamie und der Herabwürdigung der Angeklagten, haben sich nur wenige der merkwürdigen Faszination entziehen können, die er verbreitete. Helmuth von Moltke hat nach seiner Verhandlung geschrieben, Freisler sei ‹begabt, genial und nicht klug, und zwar alles dreies in der Potenz›, während Freislers Vorgänger Otto Thierack ihn einfach geisteskrank nannte.»*

Freisler ließ kaum jemanden außer sich selbst zu Wort kommen. Die erste Verhandlung eröffnete er mit der Bemerkung, es gehe um «die ungeheuerlichste Anklage, die in der Geschichte des deutschen Volkes je erhoben worden ist». Die Beschuldigten nannte er «Charakterschweine», «Verbrecher», «Verräter» und «Lumpen»; Stauffenberg hieß bei ihm «der Mordbube». Vor diesem Richter standen am 7. und 8. August unter anderem der

Feldmarschall von Witzleben, der Generaloberst Hoepner und General Stieff – alle in entwürdigendem «Räuberzivil», Hoepner in einer Strickjacke und Witzleben ohne Gürtel oder Hosenträger, sodass er die rutschende Hose immer wieder hochziehen musste. Von den Pflichtverteidigern war wenig zu hören, und der, der Witzleben zugeteilt war, pries erst einmal «das göttliche Schicksal in der Form des Wunders der Errettung, als es dem deutschen Volke den Führer vor der Vernichtung bewahrte». Darauf folgte: «Die Tat des Angeklagten steht, und der schuldige Täter fällt mit ihr.» Nach der Verkündung der Todesurteile schloss Freisler die Verhandlung mit den Worten: «Wir kehren zurück in das Leben, in den Kampf. Wir haben keine Gemeinschaft mehr mit Ihnen. Das Volk hat sich von Ihnen befreit, ist rein geblieben. Wir kämpfen. Die Wehrmacht grüßt: Heil Hitler! Wir grüßen alle: Heil Hitler! Wir kämpfen mit unserm Führer, ihm nach für Deutschland!»*

Die Verhandlungen wurden gefilmt, ebenso das, was folgte: In der Haftanstalt von Berlin-Plötzensee führte man die Todeskandidaten, jetzt in Zuchthauskleidung und mit Holzschuhen, nacheinander zur Hinrichtungsstätte. Da hingen an einer quer über die Decke verlaufenden Stahlschiene Schlachterhaken, an denen wiederum Drahtschlingen befestigt waren. Abnehmen der Handschellen, Entblößung des Oberkörpers, Hineinheben in die Schlingen und in der Regel ein behutsames Loslassen, sodass nicht etwa das Genick brach, sondern der Tod durch ein qualvolles Ersticken eintrat. Noch während des Todeskampfes wurden auch die Hosen heruntergezogen. Heute ist der Hinrichtungsraum eine Gedenkstätte; man kann ihn sich ansehen und schaudert, wenn man nur halbwegs genug Vorstellungskraft besitzt, um sich die Vorgänge auszumalen.

Das Filmmaterial wurde sofort entwickelt und eine Kopie in die «Wolfsschanze» geflogen. Dort sah Hitler sie begierig an. Öffentliche Vorführungen von den Verhandlungen vor dem Volksgerichtshof, die es anfangs gegeben hatte, wurden allerdings bald verboten. Denn allzu peinlich wirkte das Geschrei Roland Freislers und die Demütigung der Angeklagten.

Hitler hat anfangs wohl wirklich an eine «ganz kleine Clique» von Attentätern geglaubt. Von Tresckow zum Beispiel wusste man zunächst nichts; der Wehrmachtbericht meldete am 24. Juli seinen Heldentod in vorderster Front. Aber die Untersuchung, die Ernst Kaltenbrunner, der Chef des «Reichssicherheitshauptamtes», leitete, ergab sehr schnell ein anderes Bild. Von Tag zu Tag tauchten neue Namen von aktiv Beteiligten oder Mitwissern auf; immer weiter entrollte sich das Bild einer weit verzweigten und weit zurückreichenden Verschwörung. Die Zahl der Verhaftungen stieg von einigen Dutzend in die Hunderte. Beinahe weinerlich erklärte darum Hitler, er habe doch dem deutschen Volk wieder zu Ansehen und Macht in der Welt verholfen. «Ich habe sein altes Offizierskorps übernommen, wie es war, habe ihm seine Traditionen gelassen und sie geachtet. Ich habe die Offiziere beruflich und wirtschaftlich gefördert, wie und wo ich nur konnte. Ich habe ihre Leistungen anerkannt und belohnt. Ich habe sie befördert und ausgezeichnet. Ich habe jedem, der sich bei mir gemeldet hat, kameradschaftlich die Hand gedrückt, und jetzt – muss ich jeden Offizier bis zum General, der mich aufsucht, im Vorzimmer erst untersuchen lassen, ob er nicht irgendein Mordinstrument in seiner Aktentasche mitbringt, um mich umzubringen. So wie dieser Graf Stauffenberg, der nichts Besseres zu tun wusste, als mir eine Höllenmaschine unter den Arbeitstisch zu stellen ...»* Aber die Aufdeckung der Verschwörung führte ja auch weit bis in zivile Bereiche hinein.

Die Angeklagten haben sich sehr verschieden verhalten. Um Anschauung zu vermitteln, seien zwei Beispiele angeführt.

Carl Friedrich Goerdeler hat nach seiner Verhaftung bereit-
willig alles gesagt, was er wusste, und auch noch Denkschriften
verfasst. Sein Biograph Gerhard Ritter hat dies so erklärt: «Er
wollte seine Tat nicht verkleinern, sondern so groß, so bedeu-
tend und so gefährlich für das Hitler-Regime als möglich erscheinen lassen. Für ihn handelte es sich überhaupt nicht um
einen Offiziersputsch …, sondern um den Aufstandsversuch
eines ganzen Volkes, repräsentiert durch die besten und edels-
ten Köpfe aller seiner Schichten, aller Parteien von rechts bis
links und beider christlichen Kirchen. Und so, wie er mannhaft
zu seiner Tat stand, so erwartete er es – wie selbstverständlich –
auch von allen seinen Freunden. Angesichts des Galgens hat er
an nichts anderes gedacht als daran, die Wahrheit, die volle und
ganze Wahrheit endlich ans Licht zu bringen und den Macht-
habern ins Gesicht zu schleudern.»[*]

Dass er damit nichts erreichte, aber noch manche mit ins
Verderben riss, die noch nicht entdeckt waren, steht allerdings
auf einem anderen Blatt.

Helmuth James Graf von Moltke, auf dessen schlesischem
Gut sich der danach benannte «Kreisauer Kreis» zu Gesprächen
traf, erreichte in der Verhandlung vor dem ‹Volksgerichtshof›,
dass er einzig für Denken und Planen von christlichen Grund-
sätzen her verurteilt wurde. In einem Brief, den er nach der Verhandlung schrieb, heißt es: «Letzten Endes entspricht diese Zu-
spitzung auf das kirchliche Gebiet dem inneren Sachverhalt und
zeigt, dass Freisler eben doch ein guter politischer Richter ist.
Das hat den ungeheuren Vorteil, dass wir nun für etwas umgebracht werden, was wir a) getan haben und was b) sich lohnt …
Wir haben keine Gewalt anwenden wollen – ist festgestellt; wir
haben keinen einzigen organisatorischen Schritt unternommen, mit keinem einzigen Mann über die Frage gesprochen, ob
er einen Posten übernehmen wolle – ist festgestellt; in der An-

klage stand es anders. Wir haben nur gedacht, und zwar eigentlich nur Delp, Gerstenmaier und ich … Und vor den Gedanken dieser drei einsamen Männer, den bloßen Gedanken, hat der NS [Nationalsozialismus] eine solche Angst, dass er alles, was damit infiziert ist, ausrotten will. Wenn das nicht ein Kompliment ist. Wir sind nach dieser Verhandlung aus dem Goerdeler-Mist raus, wir sind aus jeder praktischen Handlung heraus, wir werden gehenkt, weil wir zusammen gedacht haben. Freisler hat Recht, tausendmal Recht; und wenn wir schon umkommen müssen, dann bin ich allerdings dafür, dass wir über dieses Thema fallen … Vivat Freisler!»*

Auch hier liegt ein Einwand auf der Hand: Soll man denn das Handeln für unwichtig erklären? Was bliebe uns von der Erinnerung an den deutschen Widerstand gegen die Gewaltherrschaft ohne Claus Stauffenbergs Tat?

Wenn heute ein Verbrechen geschieht, vergehen nach der Verhaftung des Tatverdächtigen bis zur Fertigstellung der Anklageschrift und der Eröffnung des Gerichtsverfahrens meist mehrere, oft viele Monate. Nicht so 1944. Hitler und seine Helfershelfer fühlten oder wussten, dass ihnen nicht mehr viel Zeit blieb. Darum sollten die Schauprozesse sofort beginnen und die Hinrichtungen den Todesurteilen auf dem Fuße folgen. Als der Rechtsanwalt und engagierte Katholik Josef Wirmer am 8. September vor Freisler stand und der ihm zurief, er werde umgehend zur Hölle fahren, antwortete Wirmer mit knapper Verbeugung: «Es wird mir ein Vergnügen sein, wenn Sie bald nachkommen, Herr Präsident!»*

Doch die verbleibende Zeit genügte für etwa 180 Todesurteile und Hinrichtungen oder Morde. Unterlagen wurden gefunden, etwa Namenslisten von Männern, die nach dem Staatsstreich ein Amt übernehmen sollten, und sogar Aktennotizen,

Im Volksgerichtshof: Peter Graf Yorck von Wartenburg am 7./8. August 1944 vor Roland Freisler (rechts).

die bis zur Septemberverschwörung des Jahres 1938 zurückreichten. Die Männer des Widerstandes waren eben keine Mitglieder einer Mafia oder von sonstigen Gangsterorganisationen, die sich nur mündlich verabreden, sondern Deutsche, bei denen es ordentlich und übersichtlich zuging. Und wenn die Verhafteten nicht freiwillig gestanden, was sie wussten, wurden sie brutal misshandelt und gefoltert.

Nur manchmal führten glückliche Umstände zur Rettung der eigentlich schon Verlorenen. Der Luftangriff, der Roland Freisler tötete, ließ auch Gerichtsakten verbrennen. Eine Rettung von 160 Todeskandidaten gelang kurz vor dem Kriegsende. Die SS stellte einen Transport zusammen; zu ihm gehörten neben Angehörigen des Widerstandes der frühere Reichsbankpräsident Hjalmar Schacht, der ehemalige Generalstabschef Franz Halder, der Pfarrer Martin Niemöller, aber auch ausländische Staatsmänner und Generale oder Mitglieder des britischen Geheimdienstes: eine bunt gemischte Gesellschaft. Am späten Nachmittag des 28. April 1945 traf sie unter der Bewachung von 80 SS-Leuten im Tiroler Pustertal ein. Von dort aus sollten die Häftlinge am nächsten Morgen in ein abgelegenes Hochtal geschafft, dort erschossen und die Leichen in einem See versenkt werden. Aber ein SS-Mann prahlte damit, dass dies «die letzte Station vor dem Ende» sei. Panik brach aus, und einer der Häftlinge, Oberst Bogislaw von Bonin, nutzte geistesgegenwärtig das Durcheinander, um den Generalstab des Heeres in Bozen anzurufen. Dem Hauptmann Wichard von Alvensleben wurde befohlen, zu erkunden, was da los sei. Doch der erweiterte eigenmächtig seinen Auftrag, stellte einen kampfkräftigen Stoßtrupp zusammen, vertrieb im Handstreich die SS und befreite die Gefangenen.*

Auf den ersten Blick sieht es so aus, als hätten die Männer und Frauen des deutschen Widerstandes sich wie Schafe zur Schlachtbank führen lassen. Nur wenige versuchten, unterzutauchen und dadurch der Verhaftung zu entgehen. Manchmal spielte dabei die Überlegung mit, dass man die eigene Familie nicht gefährden dürfe. Doch das nützte nichts; die von Himmler verordnete «Sippenhaft» traf die Angehörigen ohnehin. Charakteristisch war eher, was Ulrich von Hassell tat: Er befand sich am 20. Juli fernab in Bayern und reiste dann – unter den Kriegsbedingungen sehr mühsam – nach Berlin zurück, um die Verhaftung an seinem Schreibtisch zu erwarten. Noch weiter ging der Hauptmann Friedrich Karl Klausing: Er stellte sich freiwillig. «Nicht fliehen – standhalten!», hieß seine Begründung; er wollte «die gefangenen Kameraden nicht im Stich lassen». Es waren auch nur wenige, die den Selbstmord wählten, wie Henning von Tresckow, der außerdem noch vorzutäuschen versuchte, dass er im Kampf an der Front gefallen sei. Und niemand kämpfte, niemand erwartete seine Häscher mit der Pistole in der Hand; die Leute von der Gestapo, die die Verhaftungen vornahmen, gingen kein Risiko ein.

Wenn man sich um Verständnis für diese Haltung bemüht, stößt man auf einen altmodischen Ehrbegriff oder Stolz: Man wollte für das, was man gewollt oder getan hatte, auch einstehen. Altmodisch war das insofern, als es ja gar keine Öffentlichkeit gab, vor der man die eigene Einstellung hätte begründen können, auch keine Gerichtsöffentlichkeit, die diesen Namen verdiente. Im besten Falle gelang noch ein kurzes Aufleuchten. Ulrich-Wilhelm Graf Schwerin von Schwanenfeld erwähnte in seiner Verhandlung die Morde in Polen. «Morde?», fuhr Freisler auf und fragte, ob der Angeklagte nicht unter der Gemeinheit seiner Behauptung zerbreche. Darauf Schwerin, sehr leise und sehr klar: «Nein.» Ähnlich der Legationsrat im Auswärtigen Amt, Hans Bernd von Haeften, auf die Frage, warum er die Hitler geschworene Treue gebrochen habe: «Weil ich den Führer für den Vollstrecker des Bösen in der Geschichte halte.»

Im gesicherten Abstand bleibt uns für solch eine Haltung wohl nur die Bewunderung, in die sich unversehens ein Frösteln, die eigene Unsicherheit mischt: Wie hättest du dich verhalten? Um was es ging, lässt sich nicht besser sagen als mit einem Gedicht von Albrecht Haushofer. Er gehörte zum zivilen Widerstand und wurde in den letzten Kriegstagen in einem Berliner Trümmergrundstück ermordet. In der Gefängniszelle schrieb er seine «Moabiter Sonette»; aus einem haben wir schon zitiert. Von den *Gefährten* spricht ein anderes:

«Als ich in dumpfes Träumen heut versank,
sah ich die ganze Schar vorüberziehn:
die Yorck und Moltke, Schulenburg, Schwerin,
die Hassell, Popitz, Helfferich und Planck –

nicht einer, der des eignen Vorteils dachte –
nicht einer, der gefühlter Pflichten bar,
in Glanz und Macht, in tödlicher Gefahr,
nicht um des Volkes Leben sorgend wachte.

Den Weggefährten gilt ein langer Blick:
Sie hatten alle Geist und Rang und Namen
die gleichen Ziels in diese Zellen kamen –

und ihrer aller wartete der Strick.
Es gibt wohl Zeiten, die der Irrsinn lenkt.
Dann sind's die besten Köpfe, die man henkt.»

«Heute weiß ich, was ich schuldig war»

Das Vermächtnis des Widerstandes

Jemand, der Claus Stauffenberg in seinem letzten Lebensjahr sah, hat von ihm gesagt: «Obwohl er beim Tunisfeldzug ein Auge und eine Hand verloren hatte, wirkte er schön und kraftvoll wie ein junger Kriegsgott. Mit seinem gelockten dunklen Haar, dem kräftig ebenmäßigen Gesicht, dem hohen Wuchs und der gebändigten Leidenschaft seines Wesens nahm er uns sehr gefangen.»*

Man möchte diesen Mann gekannt haben. Oder vielleicht auch besser nicht. Denn es wäre lebensgefährlich gewesen, sich in seinen Bann ziehen zu lassen. Aber gefährlich wäre es erst recht, sein Andenken und überhaupt das Vermächtnis des Widerstandes zu missachten.

Was es uns sagt, ist zunächst einmal: Man muss jedem Versuch, eine Gewaltherrschaft zu errichten, *rechtzeitig* entgegentreten. Wenn sie die Macht «ergriffen» und sich organisiert und eingerichtet hat, ist es zu spät. Dann braucht man Helden, die bereit sind, ihr Leben einzusetzen. Doch stets bleibt es fraglich, ob der Einsatz zum Ziel oder in den Untergang führt. Im Übrigen sind die meisten Menschen – gottlob – nicht dazu gemacht, in der Wirklichkeit statt nur in ihren Träumen Helden zu sein. «Der Held braucht Verhängnis und Unglück, um sich beweisen zu können. Not und Held gehören zusammen wie Krankheit und Fieber», lesen wir bei Robert Musil. Oder bei Bertolt Brecht: «Unglücklich das Land, das Helden nötig hat!»*

Dabei wäre es heute wahrscheinlich noch sehr viel schwieriger als in der Zeit des «Dritten Reiches», der Gewaltherrschaft Widerstand zu leisten, und das hat nicht nur mit der Weiterentwicklung der technischen Mittel zu tun, die der Überwachung und Unterwerfung dienen. Der Einzelne braucht Rückhalt in einem fest gefügten Milieu, in dem er Verständnis und Hilfe findet und Bewegungsfreiheit hat, ohne sich immerfort verstellen zu müssen. Außerdem verbinden sich mit einem traditionsreichen Milieu Lebenshaltungen und Wertvorstellungen, die fast wie von selbst in ein Spannungsverhältnis zu dem geraten, was die Gewaltherrschaft predigt.

Wie schon am Anfang dieses Buches zu zeigen war, stammt, von Ausnahmen abgesehen, der deutsche Widerstand gegen den Nationalsozialismus aus solchen Milieus: dem proletarisch-sozialistischen, dem christlichen – man erinnere sich an den Bischof von Münster – oder dem preußisch-soldatischen und aristokratischen. Es ist kein Zufall, dass sich im Umkreis des 20. Juli 1944 die Grafentitel und sonstige Adelsnamen so sehr häufen. Doppelt genäht hält besser, um es salopp auszudrücken: Einerseits befindet man sich im Zusammenhalt seiner Offizierskameraden, von ihrem «Corpsgeist» umgeben. Andererseits ist man sozusagen von Hause aus «unter sich». Mit der gehörigen oder ungehörigen Ausstattung an Hochmut blickt man nach draußen und auf «die anderen» herab.

Um den Sachverhalt an einem Beispiel anschaulich zu machen: Seit der Reichswehrzeit war in Potsdam das Infanterieregiment neun stationiert, in dem die preußische Tradition des ersten Garderegiments zu Fuß weitergeführt wurde. Wegen des hohen Anteils an adligen Offizieren war von «Graf Neun» die Rede. Aus keinem Regiment sind mehr Offiziere hervorgegangen, die im Kampf gegen Hitler ihr Leben einsetzten und verloren; auch Henning von Tresckow gehörte zu ihnen. Andere

Truppenteile standen dahinter weit zurück, und fast völlig ausgeschlossen blieben die Marine und die Luftwaffe.

Wie immer man den Sachverhalt beurteilen mag: Im fest umschlossenen Milieu fällt es jedenfalls leichter als anderswo, frei von der Leber weg zu reden, ohne die Gefahr, verraten zu werden, bis zu dem Punkt hin, wo sich das Reden zur Verschwörung, zum Widerstand verdichtet. Im Rückblick mutet das manchmal fast haarsträubend an: Was ist da nicht alles an Generale, an Feldmarschälle und natürlich vielhundert- oder tausendfach an andere Offiziere herangetragen worden! Auch wenn sie nicht zum Handeln zu bewegen waren: Sie haben doch zugehört – und geschwiegen. Denn «die anderen», das waren eben die braunen Emporkömmlinge mit den schlechten Manieren, um von den Leuten des SS oder der Gestapo nicht erst zu reden; mit denen wollte man nichts zu tun haben.*

Für die Bedeutung der Milieus sozusagen als Basislager des Widerstandes gibt es einen Kronzeugen: Adolf Hitler. Er wusste, was im Inneren seines Reiches der absoluten Gewaltherrschaft im Wege stand. Darum hat er über das christliche Milieu gesagt: «Der größte Krebsschaden sind die Pfarrer beider Konfessionen! Ich kann ihnen jetzt [im Krieg] die Antwort nicht geben, aber das kommt in mein großes Notizbuch. Es wird der Moment kommen, wo ich mit ihnen abrechne ohne langes Federlesen.» Und: «Der Krieg wird ein Ende nehmen, und ich werde meine letzte Lebensaufgabe darin sehen, das Kirchenproblem noch zu klären. Erst dann wird die deutsche Nation ganz gesichert sein.»*

Ähnlich die alten Eliten. Aus Hitlers «Politischem Testament» vom Februar 1945 gewinnt man den Eindruck, dass das Scheitern im Krieg dem traditionellen Milieu und dem Fehlen einer wahrhaft radikalen Elite zuzuschreiben sei. «Das Ergebnis sieht danach aus! Dadurch, dass die geistige Konzeption mit der praktisch möglichen Verwirklichung nicht übereinstimmte, wurde aus der Kriegspolitik eines revolutionären Staates, wie das Dritte Reich, notwendigerweise eine Politik reaktionärer Spießbürger. Unsere Generäle und unsere Diplomaten sind mit wenigen Ausnahmen Männer von gestern, die den Krieg ebenso wie die Politik einer überlebten Zeit führen. Das gilt für die Aufrichtigen ebenso wie für die andern. Die einen versagen aus Unfähigkeit oder mangelnder Begeisterung, die andern sabotieren aus voller Absicht ... Wahrhaft klassische Diplomaten, Militärs alter Schule und ostelbische Krautjunker, das waren unsere Helfer für eine Revolution von europäischem Ausmaß!»*

Bei aller Rachsucht und Grausamkeit hat Hitler das Attentat vom 20. Juli auch zielbewusst dafür genutzt, das verhasste Traditionsmilieu endlich zu zerbrechen. Und von Anfang an war es sein Ziel, in Deutschland mit der so genannten Volksgemeinschaft einen Zustand zu schaffen, in dem der Einzelne sich bloß noch auf die Organisationsformen stützen kann, die die Gewaltherrschaft für ihn bereitstellt, angefangen beim «Jungvolk» und der Hitlerjugend für die Zehn- bis 18-Jährigen.

Auf merkwürdige Weise triumphierte Hitler dabei über den eigenen Tod hinaus und war sich mit seinem bolschewistischen Todfeind vollkommen einig. Denn auch der Kommunismus vernichtete die alten Milieus und setzte an ihre Stelle die «sozialistische Gemeinschaft». Entsprechend nach 1945 die sowjetische Besatzungsmacht und die DDR: Dass die «Junkerherrschaft» zerschlagen wurde, verstand sich von selbst. Die Kirchen wurden zwar geduldet, aber man versuchte – weithin erfolgreich –, sie auszutrocknen, wie unter anderem die Durchsetzung der «Jugendweihe» gegenüber der Konfirmation oder Kommunion zeigte.

Und die demokratische Gesellschaft? Sie lässt den Menschen ihren eigenen Willen, der sich aufs Vorwärtskommen, auf die Zukunft, das persönliche Wohlergehen, die «Selbstverwirklichung» richtet. Doch eben damit löst sich unmerklich zwar, aber auf die Dauer umso wirksamer auf, was gestern noch galt. «Jeder für sich und Gott für uns alle» heißt im Streben nach der Lebenserfüllung das unausgesprochene Prinzip; jeder ist *als Einzelner* seines Glücks oder Unglücks Schmied, das sich vorab nach dem Erfolg und nicht zuletzt an Unterschieden des Einkommens bemisst. Mobil sind wir ohnehin. Die alten Milieus gleichen Erinnerungsbildern, die allmählich verblassen. Sogar die Familienbindungen verlieren mehr und mehr ihre Kraft; oft und zunehmend gelten sie nur noch auf Zeit und auf Widerruf. Nach allem, was sich absehen lässt, wird diese Entwicklung sich fortsetzen.

Was immer dabei der Ertrag, der Zuwachs an Freiheit sein mag, der uns zufällt und gewiss nicht gering ist, im Blick auf eine künftige Gewaltherrschaft besagt der Sachverhalt, dass wir ihr beinahe hilflos ausgeliefert sein würden. Denn wo noch sollten wir vor ihr eine Zuflucht, wo den Rückhalt finden, aus dem die Möglichkeit des Widerstandes erwächst? In Büchern oder Filmen, die die Zukunft ausmalen, findet sich natürlich immer der Held, der das Gebäude des Bösen zum Einsturz bringt. Aber dürfen wir darauf vertrauen? Um es deutlich zu sagen: Ein Claus Stauffenberg wird kaum wiederkehren und dann mit einer verdoppelten Sprengladung erfolgreich sein. Kaum zufällig erscheint uns manches an ihm inzwischen als fremd, und das hat damit zu tun, dass die Jugendwelt, in der er aufwuchs, nicht mehr die unsere ist.

Albrecht Haushofer, der Verfasser der «Moabiter Sonette».

Rechtzeitig, vorbeugend handeln: Das ist ein Vermächtnis des Widerstandes. Albrecht Haushofer zählt zu denen, die es uns übermittelt haben. Eines der Gedichte, die er in seiner Todeszelle schrieb, heißt «Schuld». Es sagt:

«Ich trage leicht an dem, was das Gericht
mir Schuld benennen wird: an Plan und Sorgen.
Verbrecher wär ich, hätt ich für das Morgen
des Volkes nicht geplant aus eigner Pflicht.

Doch schuldig bin ich anders als ihr denkt,
ich musste früher meine Pflicht erkennen,
ich musste schärfer Unheil Unheil nennen –
mein Urteil hab ich viel zu lang gelenkt …

Ich klage mich in meinem Herzen an:
Ich habe mein Gewissen lang betrogen,
ich hab mich selbst und andere belogen –

ich kannte früh des Jammers ganze Bahn –
ich hab gewarnt – nicht hart genug und klar!
Und heute weiß ich, was ich schuldig war.»*

Doch wie nur erkennen wir die heraufziehende Gefahr? «Hütet euch vor den falschen Propheten, die in Schafskleidern zu euch kommen, inwendig aber sind sie reißende Wölfe» heißt es in der Bibel. Wie durchschauen wir ihre Maskierung? Es ist unwahrscheinlich, dass sie uns mit den Parolen von vorgestern, in den alten, längst verschlissenen Kleidern begegnen – und noch unwahrscheinlicher, dass sie damit Erfolg haben. Gegen die Vorgestrigen sind beinahe alle sich einig. Auch ein Hitler kehrt so nicht zurück, wie er einmal die Bühne betrat.

Immerhin gibt es ein untrügliches Merkmal: Der falsche Prophet verkündet stets ein doppelte Botschaft. Er sät die Begeisterung und den Hass zugleich. Einerseits verfügt er über ein Patentrezept, um uns in das Paradies auf Erden zu führen. Mit einem Zauberschlag wird er das Unheil abwenden, alle Schwierigkeiten aus dem Weg räumen, die jetzt auf uns einstürmen. Andererseits gibt es Feinde, finstere Mächte, die die Erlösung von allem Übel verhindern. Man muss sie erkennen, vertreiben, vernichten, und er zeigt sie uns. Dafür braucht er die Macht, die wir ihm verschaffen sollen. Aber wir werden an ihr teilhaben, wenn wir auf ihn hören, ihm gehorchen, seiner Botschaft folgen und für sie kämpfen. Die Menschheit scheidet sich in Freund und Feind, in die Kinder des Lichts und die Kinder der Finsternis. Fatal verknotet sich bei alledem die Erlösungsbotschaft mit der Predigt des Hasses; eines bedingt das andere. Wie ein französischer Soziologe festgestellt hat: «Um mitten im Frieden die kriegerischen Aktionen, die konzentrationären Praktiken, die Polizeitorturen und das Wiederauftauchen der Sklaverei zu entschuldigen, braucht man nichts Geringeres als eine Verheißung des Paradieses. Auf diese Weise kommt es zu einer unmittelbaren Verbindung zwischen Heilsgewissheit und menschlicher Scheußlichkeit.»* Das setzt sich fort und fort: Der Terrorismus der letzten Jahrzehnte, der Gegenwart und bestimmt auch der Zukunft gewinnt seine abgründige Kraft aus dieser Verbindung von Heilsgewissheit und Hass.

Gegen die Botschaft des falschen Propheten muss man sich mit der *Skepsis* wappnen: Es gibt keine Patentrezepte, kein Paradies auf Erden, keine Erlösung aus allem Übel – und keine Verschwörung, die die Heimkehr in den Garten Eden verhindert. Immer sind die Verhältnisse komplizierter und widersprüchlicher, als sie dargestellt werden, aus Idealen und Interessen, Vernunft und Unvernunft, Gerechtem und Ungerechtem,

Gutem und Bösem vielfältig gemischt. Noch im besten Falle können wie nur versuchen, die Mischungsverhältnisse ein wenig zugunsten des Vernünftigen, der Gerechtigkeit und des Guten zu verändern. Wenn wir dabei auf dem unendlichen Weg in die Zukunft um ein paar Schritte vorankommen, ist es schon viel. Übrigens stammt die Skepsis gegenüber den innerweltlichen Heilslehren aus unserem christlichen Erbe, und auch in einer nachchristlichen Zeit sollten wir sie sorgfältig hüten. Sie erweist sich als buchstäblich lebensrettend.

Wichtig ist weiterhin die *vorbeugende Solidarität.* Wir dürfen nicht gleichgültig bleiben, solange von der Feindschaft, Verfemung und Verfolgung nur Menschen betroffen werden, die uns fern stehen. Denn in der Freiheit des Fremden und Andersdenkenden verteidigen wir zugleich unsere eigene.

Auch das ist eine Lehre, die wir aus dem Widerstand im «Dritten Reich» – oder aus seinem Versagen – ziehen sollten. Einer der Unbeugsamen, der evangelische Pfarrer Martin Niemöller, von 1937 bis 1945 Häftling in den Konzentrationslagern von Sachsenhausen und Dachau, hat die Folgen des Versagens geschildert: «Als die Nazis die Kommunisten holten, habe ich geschwiegen; ich war ja kein Kommunist. Als sie die Sozialdemokraten einsperrten, habe ich geschwiegen; ich war ja kein Sozialdemokrat. Als sie die Katholiken holten, habe ich nicht protestiert; ich war ja kein Katholik. Als sie mich holten, gab es keinen mehr, der protestieren konnte.»*

Schließlich gehört zum Vermächtnis des Widerstandes, dass es *der Einzelne* ist, der alle Last auf sich nehmen muss, bis hin zum Einsatz seines Lebens. Freunde, Gesinnungsgenossen, Helfer mögen ihn eine Wegstrecke weit begleiten. Am Ende muss jeder allein gehen, einzig von seinem Gewissen geführt, ohne zu wissen, ob er die letzte Probe bestehen wird. Henning von Tresckow, als er nach dem Scheitern des Staatsstreichs den Tod wählte, sagte seinem Vertrauten Fabian von Schlabrendorff zum Abschied:

«Jetzt wird die ganze Welt über uns herfallen und uns beschimpfen. Aber ich bin nach wie vor der felsenfesten Überzeugung, dass wir recht gehandelt haben. Ich halte Hitler nicht nur für den Erzfeind Deutschlands, sondern auch für den Erzfeind der Welt. Wenn ich in wenigen Stunden vor den Richterstuhl Gottes treten werde, um Rechenschaft abzulegen über mein Tun und Unterlassen, so glaube ich mit gutem Gewissen das vertreten zu können, was ich getan habe. Wenn einst Gott Abraham verheißen hat, er werde Sodom nicht verderben, wenn auch nur zehn Gerechte darin seien, so hoffe ich, dass Gott auch Deutschland um unsertwillen nicht verderben wird. Niemand von uns kann über seinen Tod Klage führen. Wer in unsern Kreis eingetreten ist, hat damit das Nessushemd angezogen. Der sittliche Wert eines Menschen beginnt erst dort, wo er bereit ist, für seine Überzeugung sein Leben einzusetzen.»*

Ähnlich, nur knapper, hat es kurz vor dem 20. Juli Claus Stauffenberg ausgedrückt: «Es ist Zeit, dass jetzt etwas getan wird. Derjenige allerdings, der etwas zu tun wagt, muss sich bewusst sein, dass er wohl als Verräter in die deutsche Geschichte eingehen wird. Unterlässt er jedoch die Tat, so wird er zum Verräter vor seinem eigenen Gewissen.»*

Das, wahrlich, sagte ein Mann von glühender Vaterlandsliebe, und selbst in dem weiten Abstand, der uns gewöhnliche Menschen von ihm trennt, sollte sein Vorbild uns zum eigenen Denken und Handeln ermutigen.

In der «Wolfsschanze» erinnert eine Gedenktafel an den Versuch,
Hitler zu töten, um Deutschland zu retten.

Anmerkungen und Hinweise zur Literatur

Mit Ausnahme der Dichtungen Stefan Georges werden sämtliche Zitate in neuer Rechtschreibung gesetzt.

8: Die Tschechoslowakei, heute in Tschechien und die Slowakei getrennt, entstand 1918 aus dem Zerfall des Vielvölkerstaates Österreich-Ungarn. Aber sie war selbst ein Vielvölkerstaat; nur 43 Prozent der Bevölkerung gehörten zu den Tschechen. Es folgten die Deutschen mit 23 und die Slowaken mit 22 Prozent. Außerdem gab es Juden, Ungarn, Ukrainer, Polen und andere. Hitler forderte den Anschluss des Sudetenlandes, in dem die Deutschen lebten, an das Reich. Im Münchener Abkommen vom 29. September 1938 setzte er diese Forderung durch.

9: Zum Wechselverhältnis zwischen dem Wunderheiler und denen, die an ihn glaubten, sei verwiesen auf: Christian Graf von Krockow: Hitler und seine Deutschen, München 2001.

9: Hermann Göring, geboren 1893, war im Ersten Weltkrieg Jagdflieger und wurde mit dem höchsten militärischen Orden, dem «Pour le Mérite», ausgezeichnet. 1922 schloss er sich Hitler an; bei dessen Münchner Putschversuch vom 8. / 9. November 1923 wurde er schwer verwundet. Im «Dritten Reich» übernahm er immer mehr Ämter: als preußischer Ministerpräsident und Innenminister, Reichsluftfahrtminister und Oberbefehlshaber der Luftwaffe, Reichsforst- und Reichsjägermeister, seit 1936 als Beauftragter für den Vierjahresplan, das heißt für die wirtschaftliche Kriegsvorbereitung. Beim Beginn des Zweiten Weltkriegs ernannte Hitler ihn für den Fall des eigenen Todes zum Nachfolger und 1940 zum «Reichsmarschall».

Göring verband Brutalität mit Prunksucht. Kurz vor dem Ende des Zweiten Weltkriegs, als er eigenmächtig zu handeln versuchte, verstieß ihn Hitler aus allen seinen Ämtern. Im Nürnberger Prozess gegen die Hauptkriegsverbrecher wurde er zum Tode verurteilt, entzog sich aber 1946 der Hinrichtung durch den Selbstmord. Siehe zum Zitat: Ursachen und Folgen. Vom deutschen Zusammenbruch 1918 und 1945 bis zur staatlichen Neuordnung Deutschlands in der Gegenwart. Eine Urkunden- und Dokumentensammlung zur Zeitgeschichte, herausgegeben von Herbert Michaelis und Ernst Schraepler, Band IX, Berlin 1964, S. 74. – In einem Erlass vom 17. Februar 1933 schärfte Göring seinen Untergebenen ein: «Polizeibeamte, die in Ausübung dieser Pflichten [zur Verfolgung politischer Gegner] von der Schusswaffe Gebrauch machen, werden ohne Rücksicht auf die Folgen des Schusswaffengebrauchs von mir gedeckt; wer hingegen in falscher Rücksichtnahme versagt, hat dienststrafrechtliche Folgen zu gewärtigen.» (A. a. O., S. 38 f.)

10: Zu den Konzentrationslagern sei verwiesen auf: Eugen Kogon, Der SS-Staat. Das System der deutschen Konzentrationslager, 13. Auflage München 1974; Wolfgang Sofsky, Die Ordnung des Terrors: Das Konzentrationslager, Frankfurt am Main 1993; Dirk Reinartz / Christian Graf von Krockow, totenstill, Göttingen 1994 (mit weiterer Literatur).

Die SA – für «Sturmabteilung» – wurde in der «Kampfzeit» der Weimarer Republik für den Straßenkampf gegründet und entwickelte sich im Laufe der Jahre zu einer schlagkräftigen Massenorganisation. 1934 wurde sie jedoch entmachtet und blieb danach beinahe funktionslos. Die SS – für «Schutzstaffel» – entstand 1925 als «Stabswache» zum persönlichen Schutz Hitlers. Sie entwickelte sich dann zum eigentlichen Macht- und Gewaltzentrum des «Dritten Reiches». Siehe dazu: Heinz Höhne, Der Orden unter dem Totenkopf. Die Geschichte der SS, Gütersloh 1967; Martin Broszat / Hans Buchheim / Hans-Adolf Jacobsen / Helmut Krausnick, Anatomie des SS-Staates, 2 Bände, Olten und Freiburg 1965.

10: Siehe zu den Bücherverbrennungen und zur Vertreibung des kritischen Geistes: Christian Graf von Krockow, Scheiterhaufen. Größe und Elend des deutschen Geistes, Neuausgabe Reinbek bei Hamburg 1993.

10: In der «Röhmaffäre» wurden vom 30. Juni bis 2. Juli 1934 der Stabschef der SA, Ernst Röhm, und eine Vielzahl von SA-Führern ermordet, weil sie Hitler und den Generalen durch ihre Machtansprüche unbequem geworden waren. Sozusagen in einem Aufwaschen wurden auch andere Regimegegner beseitigt. Der eigentliche Sieger des Machtkampfes war die SS, die von da an alle Polizeimacht und Verfolgungsgewalt an sich riss; das innenpolitische Gewaltmonopol machte sie zum «Staat im Staate».

13: Siehe zu den «Edelweißpiraten»: Detlev Peukert, Die Edelweißpiraten. Protestbewegung jugendlicher Arbeiter im Dritten Reich, 2. Auflage Köln 1983; Matthias von Hellfeld, Edelweißpiraten in Köln. Jugendrebellion gegen das 3. Reich, Köln 1981. Nicht frei von Idealisierungen, jedoch als farbige Milieuschilderung lesenswert ist der Roman von Franz Josef Degenhardt: Zündschnüre, Hamburg 1973. Insgesamt sei zum Arbeiterwiderstand noch genannt: Friedrich Schlotterbeck, Je dunkler die Nacht, desto heller die Sterne. Erinnerungen eines deutschen Arbeiters 1933–1945, Neuausgabe Stuttgart 1986.

14: Von der «Weißen Rose» berichten: Inge Scholl, die Weiße Rose, Frankfurt am Main 1952, erweiterte Neuausgabe 1982; Ernst Fleischhack, Die Widerstandsbewegung Weiße Rose. Literaturbericht und Bibliographie, Frankfurt am Main 1971; Richard Hanser, Deutschland zuliebe. Leben und Sterben der Geschwister Scholl, München 1980; Karl-Heinz Jahnke, Weiße Rose contra Hakenkreuz, Frankfurt am Main 1969; Harald Steffahn, Die Weiße Rose, rowohlts monographien 498, Reinbek bei Hamburg 1992.

14: Zu Galen seien genannt: Heinrich Portmann, Kardinal von Galen. Ein Gottesmann seiner Zeit. Mit einem Anhang: Die drei weltberühmten Predigten, 5. und 6. erweiterte Auflage Münster 1958; Max Bierbaum, Nicht Lob, nicht Furcht. Das Leben des Kardinals von Galen, nach unveröffentlichten Briefen und Dokumenten, 6. Auflage Münster 1966.

14: Der «Reichsführer SS» Heinrich Himmler, geboren 1900, entwickelte die SS und machte sie zum «Staat im Staate». Damit wurde er zu einem der mächtigsten Männer des «Dritten Reiches» und war der Hauptverantwortliche für die Durchführung der Judenvernichtung. 1945 entzog er sich seiner Verantwortung durch den Selbstmord.

14: Martin Bormann, 1900–1945, seit 1941 Leiter der Parteikanzlei und Hitlers engster Mitarbeiter in allen nichtmilitärischen Angelegenheiten, übte einen überragenden Einfluss aus, obwohl oder gerade weil er öffentlich kaum in Erscheinung trat.

14: Dr. Joseph Goebbels, geboren 1897, wurde 1933 zum «Reichsminister für Volksaufklärung und Propaganda» ernannt. Er lenkte die Presse, den Rundfunk und die Filmproduktion. So einfallsreich wie skrupellos betätigte er sich zumeist als ein Scharfmacher. 1945 – von Hitler noch zum Reichskanzler ernannt – beging er Selbstmord und riss seine Frau und seine Kinder mit sich in den Tod.

18: Elser wurde nach Abschluss seiner Vernehmungen unter Sonderbewachung in Konzentrationslagern für einen späteren Schauprozess aufbewahrt, zunächst in Sachsenhausen, und am 9. April 1945 in Dachau erschossen. Siehe zu seinen Aussagen: Lothar Gruchmann (Herausgeber), Autobiographie eines Attentäters. Johann Georg Elser, Aussage zum Sprengstoffanschlag im Bürgerbräukeller, München, am 8. November 1939, Stuttgart 1970, Neuausgabe 1989. Siehe auch: Anton Hoch, Das Attentat auf Hitler im Münchener Bürgerbräukeller 1939, in: Vierteljahreshefte für Zeitgeschichte, Jahrgang 17, 1969, S. 383ff. Als populäre Darstellungen sind zu nennen: Hellmut G. Haasis, «Den Hitler jag' ich in die Luft». Der Attentäter Georg Elser. Eine Biographie, 2. Auflage Berlin 1999; Helmut Ortner, Der Attentäter. Georg Elser – der Mann, der Hitler töten wollte, überarbeitete und erweiterte Neuauflage Tübingen 1999.

19: Tresckow wird zitiert nach: Bodo Scheurig, Henning von Tresckow. Ene Biographie, 3. Auflage Oldenburg und Hamburg 1973, S. 119f.

20: Über Claus Stauffenberg gibt es viele biographische Arbeiten. Vorab seien genannt: Peter Hoffmann, Claus Schenk Graf von Stauffenberg und seine Brüder, 2. Auflage Stuttgart 1992 – eine umfangreiche, gründlich aus den Quellen schöpfende Darstellung; Eberhard Zeller, Oberst Claus Graf Stauffenberg, ein Lebensbild, 2. Auflage Paderborn 1994 – ein Bericht aus persönlicher Nähe; Harald Steffahn, Claus Schenk Graf von Stauffenberg, rowohlts monographien 520, 2. Auflage Reinbek bei Hamburg 1994 – knapp, aber durchaus zuverlässig und besonders preiswert. Soweit nicht anders und besonders vermerkt, wird aus diesen Arbeiten zitiert. Siehe als preiswerte Einführung auch: Peter Hoffmann, Stauffenberg und der 20. Juli 1944, München 1998.

Weiter sind zu nennen: Kurt Finker, Stauffenberg und der 20. Juli 1944, Berlin 1972 – eine Würdigung aus der Sicht der DDR; Joachim Kramarz, Claus Graf Stauffenberg. 15. November 1907–20. Juli 1944. Das Leben eines Offiziers, Frankfurt am Main 1965; Christian Müller, Oberst i. G. Stauffenberg. Eine Biographie, Düsseldorf 1971;

Bodo Scheurig, Claus Schenk Graf von Stauffenberg, Berlin 1964; Wolfgang Venohr, Stauffenberg. Symbol des Widerstandes. Eine politische Biographie, 3. überarbeitete und ergänzte Neuauflage, München 2000 – temperamentvoll geschrieben, mit manchmal schroffen Urteilen. Der große Wurf einer sachlich überzeugenden und auch literarisch gelungenen Biographie steht freilich noch aus.

21: Friedrich Rückert schrieb sein Gedicht «Barbarossa» zwischen 1814 und 1817 – in einer Zeit der aufkommenden Hoffnung auf einen deutschen Nationalstaat, die im Freiheitskampf gegen die napoleonische Herrschaft geweckt und dann unter konservativen Vorzeichen gleich wieder enttäuscht wurde. Das vollständige Gedicht findet man unter anderem in: Ludwig Reiners, Der ewige Brunnen. Ein Hausbuch deutscher Dichtung, Ausgabe München 1985, S. 431.

22: Über die Herkunft der Stauffenbergs informiert: Gerd Wunder, Die Schenken von Stauffenberg. Eine Familiengeschichte, Stuttgart 1972.

24: Theodor Pfizer, Die Brüder Stauffenberg, in: Erich Boehringer / Wilhelm Hoffmann (Herausgeber), Robert Boehringer. Eine Freundesgabe, Tübingen 1957, S. 491. – Der «Holländer» war ein vierrädriges Kinderfahrzeug, das nicht durchs Treten, sondern durch ruderähnliche Armbewegungen vorangetrieben wurde.

25: Die Aufzeichnungen der Mutter Stauffenberg über ihre Kinder werden zitiert nach Hoffmann, a. a. O., S. 18.

25: Elisabeth Dipper, Briefe aus Lautlingen an ihre Eltern, zitiert nach Hoffmann, a. a. O., S. 37.

26: Die Verbindung von Freiheit und Formstrenge wie die von Reichtum und Sparsamkeit schildert anschaulich: Marion Gräfin Dönhoff, Kindheit in Ostpreußen, Berlin 1988. – Marion Dönhoff wurde nur zwei Jahre nach Claus Stauffenberg geboren.

26: Der Pfarrer, Schulmeister und Dichter Gustav Schwab, 1792 bis 1850, lebte und starb in Stuttgart. Seine «Schönsten Sagen des klassischen Altertums» erschienen von 1838 bis 1840 in drei Bänden und wurden seitdem vielfach neu aufgelegt.

28: Zum Kriegsende und zur Revolution in Stuttgart seien genannt: Karl Weller, Die Staatsumwälzung in Württemberg 1918–1920, Stuttgart 1930; Theodor von Pistorius, Die letzten Tage des Königreichs Württemberg, 2. Auflage Stuttgart 1936.

28: Siehe zu Claus Stauffenbergs Reaktionen auf die Vorgänge im Herbst 1918: Hoffmann, a. a. O., S. 31 und 34.

29: Siehe zu Bismarck: Gedanken und Erinnerungen, Band I, Kapitel 13.

30: Thomas Mann, Betrachtungen eines Unpolitischen, 19. / 24. Auflage Berlin 1922, S. XXXIV, XXXVI.

32: Siehe von Stefan George: Gesamt-Ausgabe der Werke. Endgültige Fassung, 8 in 15 Bänden, Berlin 1927 – 1934. Das vollständige Gedicht «Geheimes Deutschland» findet man in: Deutschland Deutschland. Politische Gedichte vom Vormärz bis zur Gegenwart, herausgegeben von Helmut Lamprecht, Bremen 1969, S. 344 ff.

33: Siehe zu Stauffenbergs Gedichtfragmenten: Eberhard Zeller, Oberst Claus Graf Stauffenberg. Ein Lebensbild, 2. Auflage Paderborn 1994, S. 12 f.

34: Die Gedenkrede Alexander Stauffenbergs auf Stefan George wird zitiert nach Zeller, a. a O., S. 13.

34: Anschauung vom George-Kreis vermittelt vor allem das Buch von Robert Boehringer, Mein Bild von Stefan George, München und Düsseldorf 1951, 2. Auflage 1968.

36: Siehe von Friedrich Wolters: Stefan George und die Blätter für die Kunst, Berlin 1930, S. 51, 561, 549.

36: Max Kommerell, Der Dichter als Führer in die deutsche Klassik. Klopstock, Herder, Goethe, Schiller, Jean Paul, Hölderlin, Berlin 1928, S. 474 ff. Siehe von Kommerell auch: Gespräche aus der Zeit der deutschen Wiedergeburt, Berlin 1929; Briefe und Aufzeichnungen 1919 – 1944, Olten und Freiburg im Breisgau 1967.

37: Jahrbuch für die geistige Bewegung, herausgegeben von Friedrich Gundolf und Friedrich Wolters, III, Berlin 1912, S. VIII. – Am Ende dieses Jahrbuchs, S. 151, wendet sich Wolters mit dem Aufruf an die Jugend, die toten bürgerlichen Ideale zu verlassen und sich in Liebe und Hingebung dem «heldisch-herrscherlichen» Menschen anzuschließen. – Ormuzd und Ahriman sind in der persischen Mythologie Gottheiten, die das Gute und das Böse verkörpern.

38: Georg von Below, Heinrich von Treitschkes deutsche Sendung, in: Der Panther, 5, 1917, S. 437. – Als einschlägige Materialsammlungen sind zu nennen: Klaus Böhme, Aufrufe und Reden deutscher Professoren im Ersten Weltkrieg, Stuttgart 1975; Thomas Anz und Joseph Vogl (Herausgeber), Die Dichter und der Krieg. Deutsche Lyrik 1914 – 1918, München und Wien 1982. Siehe ferner: Klaus

Schwabe, Wissenschaft und Kriegsmoral. Die deutschen Hoch-
schullehrer und die politischen Grundlagen des Ersten Weltkriegs,
Göttingen 1969; Hermann Lübbe, Die philosophischen Ideen
von 1914, in: Politische Philosophie in Deutschland, Basel 1963,
S. 173 ff.; Wilhelm Pressel, Die Kriegspredigt 1914–1918 in der evan-
gelischen Kirche Deutschlands, Göttingen 1967.

38: Max Wundt, Deutsche Staatsauffassung, in: Deutschlands Erneuerung, H. 2,1918, S.199 ff.: Neuabdruck in: Aufrufe und Reden deutscher Professoren ..., a. a. O., S. 152 ff.

39: Siehe zu Hitlers Weltanschauung und den Zitaten aus «Mein
Kampf»: Christian Graf von Krockow, Hitler und seine Deutschen,
München 2001, S. 84 ff.

39: Siehe zur «erlognen brüderei»: Stefan George, Gesamt-Ausgabe
der Werke, a. a. O., Band IX, S. 39.

40: Die Unterlagen zur Stellungnahme des Dichters gegenüber dem
Ansinnen von Bernhard Rust befinden sich im Stefan George Archiv in Stuttgart.

41: Noch einmal sei auf das Buch des Verfassers «Hitler und seine
Deutschen» verwiesen; München 2001.

41: Das Lied wurde 1932 von Hans Baumann verfasst. Vollständiger
Abdruck in: Deutschland Deutschland. Politische Gedichte vom
Vormärz bis zur Gegenwart, herausgegeben von Helmut Lam-
precht, Bremen 1969.

43: Siehe von Theodor Pfizer: Im Schatten der Zeit 1904–1948, Stuttgart 1979, S. 60.

44: Die Kaiser-Wilhelm-Gesellschaft zur Förderung der Wissenschaf-
ten wurde 1911 gegründet; seit 1948 wird sie unter dem Namen
Max-Planck-Gesellschaft weitergeführt.

46: Der Schulaufsatz ist im Anhang, S. 455, abgedruckt bei Peter Hoffmann, Claus Schenk Graf von Stauffenberg und seine Brüder,
2. Auflage Stuttgart 1992.

47: Peter Behrens, 1868 bis 1940, war ein wichtiger Vertreter des Ju-
gendstils und wirkte bahnbrechend für die moderne Formgestal-
tung. Gropius, Le Corbusier und Mies van der Rohe gehörten zu
seinen Schülern. Hans Poelzig, 1869 bis 1936, war der maßgebende
Architekt der Weimarer Republik, der Großbauten klar zu gliedern
verstand; man sehe sich das Funkhaus an der Berliner Masurenallee oder das (ehemalige) Verwaltungsgebäude der I. G. Farben in
Frankfurt am Main an. Walter Gropius, 1883 bis 1969, gründete das

Bauhaus im Jahre 1919. Wer wissen will, wie modern und schön zugleich Industrieanlagen aussehen können, besuche die Fagus-Werke im niedersächsischen Alfeld an der Leine: ein radikaler Bruch mit der Tradition, solche Anlagen wie Raubritterburgen hinter Zinnen und Türmchen zu verstecken. Der Architekt Albert Speer wurde 1937 zum «Generalbauinspekteur» für Berlin und 1942 zum Rüstungsminister ernannt. Der internationale Militärgerichtshof in Nürnberg verurteilte ihn 1946 zu 20 Jahren Haft. Danach schrieb er seine «Erinnerungen», Berlin 1969.

48: Gerlachs Veröffentlichung erfolgte in der monatlichen «Rundschau» der «Kreuzzeitung» vom März 1851. Im Zusammenhang ging es darum, parlamentarische Ansprüche auf Mitbestimmung bei der Finanzierung der Armee abzuwehren. Darum heißt es nach der zitierten Wendung: «Ohne solche Leutnants ... kann die preußische Armee nicht bestehen. Sie muss eben, um preußisch und um Armee zu bleiben, das Brot des Königs von Preußen essen und nicht das Brot der 2. Kammer.»

48: Siehe zu Bismarck: Werke in Auswahl, Band II, Stuttgart 1963, S. 276.

48: Gneisenau, 1760 bis 1831, erwarb sich, als Preußen 1806 / 07 im napoleonischen Ansturm zusammenbrach, Ruhm durch die standhafte Verteidigung der pommerschen Ostseefestung Kolberg. Danach war er Mitarbeiter Scharnhorsts bei der Heeresreform. In dem Freiheitskrieg von 1813 bis 1815 leitete er nach Scharnhorsts Tod als Generalstabschef die strategischen Operationen und hatte entscheidenden Anteil am Sieg über Napoleon.

53: Der Generalstab beriet die eigentlichen Heereskommandeure, besonders bei der Gefechtsführung und der Versorgung der Truppen. Der preußische Generalstab, aus dem sich alles Spätere ableitet, wurde im Jahre 1816 gegründet. Seine entscheidende Prägung erhielt er durch Helmuth von Moltke, der seit 1857 Chef des Generalstabes war und mit seiner Hilfe die Siege im Krieg gegen Österreich (1866) und Frankreich (1870 / 71) errang. Als eine Offizierselite haben die Generalstabsoffiziere auch bei der Vorbereitung und Führung der beiden Weltkriege des 20. Jahrhunderts eine wichtige Rolle gespielt.

56: Zuckmayers Bühnenstück «Der Hauptmann von Köpenick» erschien 1930. Auch Filme sind gefolgt, zum Beispiel 1956 der mit Heinz Rühmann in der Hauptrolle.

56: Siehe Haffners insgesamt sehr anschauliche Schilderung: Sedantag, in: Im Schatten der Geschichte. Historisch-politische Variatio-
nen aus zwanzig Jahren, Stuttgart 1985, S. 63 ff.; Zitat S. 65.

57: Der Sozialdemokrat Friedrich Ebert wurde 1919 zum Reichspräsidenten gewählt; er starb noch vor dem Ablauf seiner Amtszeit am
28. Februar 1925. Sein Nachfolger war der Feldmarschall Paul von
Hindenburg und Beneckendorff, für die Deutschen eine Art von
Ersatzkaiser.

57: Als Literatur sei genannt: Francis L. Carsten, Reichswehr und Politik 1918–1933, 3. Auflage Köln und Berlin 1966.

58: Zur Entwicklung der Wehrmacht seit 1933 seien genannt: Rudolf
Absolon, Die Wehrmacht im Dritten Reich. Aufbau – Gliederung –
Recht – Verwaltung, 4 Bände, Boppard am Rhein 1963–1979; Gerhard Meinck, Hitler und die deutsche Aufrüstung 1933–1937, Wies-
baden 1959; Manfred Messerschmidt, Die Wehrmacht im NS-Staat.
Zeit der Indoktrination, Hamburg 1969; Klaus-Jürgen Müller,
Das Heer und Hitler. Armee und nationalsozialistisches Regime
1933–1940, Stuttgart 1969; derselbe, Armee und Drittes Reich. Darstellung und Dokumentation, 2. Auflage Paderborn 1989; John W.
Wheeler-Bennett, Die Nemesis der Macht. Die deutsche Armee in
der Politik, 1918–1945, Düsseldorf 1954.

58: Der Opernplatz wurde später in Bebelplatz umbenannt. Heute erinnert dort das 1995 von Micha Ullmann geschaffene Mahnmal
«Bibliothek» an die Bücherverbrennung.

58: Erich Maria Remarque, 1898 bis 1970, veröffentlichte 1929 seinen
Kriegsroman «Im Westen nichts Neues». Statt – wie etwa Ernst Jünger – den Kriegsalltag zu verherrlichen, schilderte er sein Elend,
das Leiden und qualvolle Sterben der Soldaten.

59: Zur «Röhmaffäre» vom Sommer 1934 seien als Literatur genannt:
Heinz Höhne, Mordsache Röhm. Hitlers Durchbruch zur Allein-
herrschaft 1933–1934, Reinbek bei Hamburg 1984; Max Gallo, Der
Schwarze Freitag der SA. Die Vernichtung des revolutionären Flü-
gels der NSDAP durch Hitlers SS im Juni 1934, Wien, München und
Zürich 1972; Kurt Gossweiler, Die Röhm-Affäre. Hintergründe, Zu-
sammenhänge, Auswirkungen, Köln 1983.

60: Die Verlautbarung über die Kabinettssitzung vom 3. Juli 1934 wird
zitiert nach: Max Domarus, Hitler, Reden und Proklamationen
1932–1945. Kommentiert von einem Zeitgenossen, Band I, erster
Halbband, München 1965, S. 406.

60: Zum Verhalten der Reichswehrführung in der Röhmaffäre sei verwiesen auf: Immo von Fallois, Kalkül und Illusion. Der Machtkampf zwischen Reichswehr und SA während der Röhm-Krise 1934, Berlin 1994. – Hinter Blomberg war die eigentlich treibende Figur bei der Einfügung der Reichswehr in den nationalsozialistischen Staat Walter von Reichenau, 1884 bis 1942. Entsprechend machte der Oberst des Jahres 1934 eine glänzende Karriere; 1940 ernannte Hitler ihn zum Generalfeldmarschall.

63: Peter Hoffmann, Claus Schenk Graf von Stauffenberg und seine Brüder, 2. Auflage Stuttgart 1992, S. 123 f. – Eberhard Zeller, Oberst Claus Graf Stauffenberg. Ein Lebensbild, 2. Auflage Paderborn 1994, S. 26 f. – Zur «Falschmeldung» und dem Gedächtnisirrtum eines Generals: Joachim Kramarz, Claus Graf Stauffenberg, 15. November 1907–20. Juli 1944. Das Leben eines Offiziers, Frankfurt am Main 1965, S. 42. Der General war Hermann Foertsch mit seinem Buch: Schuld und Verhängnis. Die Fritsch-Krise im Frühjahr 1938 als Wendepunkt in der nationalsozialistischen Zeit, Stuttgart 1951.

65: Hoffmann, a. a. O, S. 103; Zitat Mertz S. 193.

66: Siehe zur Denkschrift aus dem Jahre 1936: Der Prozess gegen die Hauptkriegsverbrecher vor dem Internationalen Militärgerichtshof, Nürnberg 1947 ff., Band XXXVI, Dokument 416 EC, S. 491.

66: Siehe von Friedrich Hoßbach: Zwischen Wehrmacht und Hitler 1934–1938, Wolfenbüttel und Hannover 1949.

67: Zu den Vorgängen vom Januar und Februar 1938 sei verwiesen auf: Hermann Foertsch, Schuld und Verhängnis. Die Fritsch-Krise im Frühjahr 1938 als Wendepunkt in der Geschichte der nationalsozialistischen Zeit, Stuttgart 1951; Harold C. Deutsch, Das Komplott oder die Entmachtung der Generäle. Blomberg- und Fritsch-Krise. Hitlers Weg zum Krieg, München 1974.

Als seine Unschuld erwiesen war, schrieb Fritsch einen Brief an Hitler, in dem es hieß: «Die kriminelle Beschuldigung ist restlos zusammengebrochen. Nicht aber beseitigt sind die mich tief verletzenden Begleitumstände meiner Entfernung aus dem Heere.» Und er sprach die dringende Bitte aus, «diejenigen Persönlichkeiten zur Rechenschaft zu ziehen», die für die Intrige verantwortlich seien. (Zitiert nach Klaus-Jürgen Müller, Das Heer und Hitler. Armee und nationalsozialistisches Regime 1933–1940, Stuttgart 1969, S. 269 f.) Natürlich erhielt Fritsch keine Antwort. Er wurde nur, politisch bedeutungslos, zum Ehrenkommandeur eines Artillerieregiments ernannt, mit dem er 1939 in den Krieg zog. Er suchte und fand am 22. September 1939 vor Warschau den Tod.

68: «Die Kerle haben ja die Hosen voll ...»: Hoffmann, a.a.O., S. 268. – Zur Feigheit der Generale hat Gordon A. Craig in seiner Geschichte der preußisch-deutschen Armee das passende Schlusswort gesprochen: «Bis zum allerletzten Ende zeigten die Befehlshaber der deutschen Armeen die technische Virtuosität und den physischen Mut, die seit der Wiedererhebung nach Jena und Auerstedt für das preußische Offizierskorps stets charakteristisch gewesen waren. Aber was die meisten von ihnen während dieser letzten verzweifelten Jahre [des Zweiten Weltkriegs] nicht zeigten, war das, was sie auch nicht gezeigt hatten, als Hitler 1933 an der Schwelle des Kanzleramtes stand, was sie nicht gezeigt hatten, als er im Juni 1934 seine Mordbuben auf das Volk losließ, was sie nicht gezeigt hatten, als Schleicher ermordet und Fritsch degradiert wurde: nämlich eine Spur jenes moralischen Mutes, jener geistigen Unabhängigkeit, jener tiefen Vaterlandsliebe, die so große Soldaten der Vergangenheit wie Scharnhorst, Boyen und Gneisenau ausgezeichnet hatten. Ohne diese Eigenschaften waren ihre anderen Befähigungen wertlos und sie selbst machtlos, um die Katastrophe abzuwenden, die in so hohem Maße das Ergebnis ihres mangelnden politischen Verantwortungsgefühls gewesen ist.» (Die preußisch-deutsche Armee 1640–1945. Staat im Staate, Düsseldorf 1960, S. 543.)

69: Siehe von Joachim Fest: Staatsstreich. Der lange Weg zum 20. Juli, Berlin 1994, S. 76ff.; Zitat S. 89f.

70: Siehe von William Shirer: Berliner Tagebuch. Aufzeichnungen 1934–1941, Leipzig und Weimar 1991, S. 376. Ähnliche Beobachtungen findet man auch bei Fritz Wiedemann, Der Mann, der Feldherr werden wollte, Velbert und Kettwig 1964; S. 176f.: Paul Schmidt, Statist auf diplomatischer Bühne 1923–1945. Erlebnisse des Chefdolmetschers im Auswärtigen Amt mit den Staatsmännern Europas, Bonn 1949, Neuausgabe 1953, S. 410. Der Schweizer Carl Jacob Burckhardt berichtete schon Ende August 1938 von dem «Entsetzen, ja der Verzweiflung der Massen, als man wieder anfing, vom Krieg zu reden». (Meine Danziger Mission 1937–1939, München 1962, S. 155.) Die Berichte aus dem Reich redeten eine entsprechend deutliche Sprache, etwa so: «Als in den kritischen Tagen im September die Gefahr eines Krieges heranrückte, da zeigte sich, dass noch vielen Parteigenossen das nötige rückhaltlose Vertrauen zum Führer fehlte und dass im Ernstfall mit diesen nicht zu rechnen wäre.» Dabei war hier von Parteimitgliedern und nicht von gewöhnlichen Volksgenossen die Rede. (Zitiert nach Ian Kershaw, Der Hitler-Mythos. Volksmeinung und Propaganda im Dritten Reich, Stuttgart 1980, S. 120)

71: Siehe zu Kleist: Bodo Scheurig, Ewald von Kleist-Schmenzin. Ein Konservativer gegen Hitler, Oldenburg und Hamburg 1968.

71: «Wie Schwächlinge …»: Hitlers Politisches Testament. Die Bormann-Diktate vom Februar und April 1945, Hamburg 1981, S. 100.

72: «Wenigstens ein Wort des Bedauerns» forderte Marion Gräfin Dönhoff in einem Gedenkaufsatz zum 20. Juli in der «Zeit» vom 21. 6. 1995. Siehe auch ihr Buch: Um der Ehre willen. Erinnerungen an die Freunde vom 20. Juli, Berlin 1994. Weiter zum Thema: Klaus-Jürgen Müller / David N. Dilks (Herausgeber): Großbritannien und der deutsche Widerstand 1933–1944, Paderborn 1994.

73: Reerinck wird zitiert nach: Joachim Kramarz, Claus Graf Stauffenberg. 15. November 1907–20. Juli 1944. Das Leben eines Offiziers, Frankfurt am Main 1965, S. 224.

74: Der vollständige Brief Stauffenbergs an den General von Sodenstern vom 13. 3. 1939 ist abgedruckt bei Peter Hoffmann, Claus Schenk Graf von Stauffenberg und seine Brüder, 2. Auflage Stuttgart 1992, S. 458 ff.

77: Die Briefe aus dem Polenfeldzug werden zitiert nach: Christian Müller, Oberst i. G. Stauffenberg. Eine Biographie, Düsseldorf 1970, S. 521.

77: Der Brief aus dem Frankreichfeldzug wird zitiert nach Eberhard Zeller, Oberst Claus Graf Stauffenberg. Ein Lebensbild, 2. Auflage Paderborn 1994, S. 79.

79: Siehe zur Schilderung der Offizierskameraden: Zeller, a. a. O., S. 78 f. und 81. – Alkibiades, etwa 450 bis 404 vor Christus, war Staatsmann und Feldherr im antiken Athen. «Durch Genie und Anmut, Reichtum und körperliche Vorzüge bestrickend, wusste er in der Heimat wie in der Fremde die Menschen für sich zu gewinnen», sagt ein Lexikon von ihm. Er erlebte freilich ein höchst wechselvolles Schicksal und wurde schließlich umgebracht.

79: Der Brief vom Vorabend der französischen Kapitulation ist abgedruckt bei Kramarz, a. a. O., S. 88, ebenso bei Müller, a. a. O., S. 190.

81: Siehe zu Hitlers Aufruf und zu seiner Reichstagsrede: Der großdeutsche Freiheitskampf. Reden Adolf Hitlers, herausgegeben von

Philipp Bouhler, Band I und Band II, 2. Auflage München 1943,
S. 229 und 231 ff.

82: Die Sowjetunion – abgekürzt UdSSR für «Union der Sozialistischen
Sowjetrepubliken» – bestand unter diesem Namen von 1922 bis
1992. Sie umfasste die heutigen Staaten Russland, Ukraine, Weiß-
russland, Georgien, Kasachstan und andere. Am Beginn des Zweiten Weltkriegs kamen noch das östliche Polen, ein Grenzgebiet Ru-
mäniens sowie die baltischen Staaten Litauen, Lettland und Est-
land hinzu.

83: Siehe von Franz Halder: Kriegstagebuch. Tägliche Aufzeichnungen
des Chef des Generalstabes des Heeres 1939–1942, herausgegeben
von Hans-Adolf Jacobsen, Stuttgart 1962–64, Band III, S. 38, 88, 170,
Band II, S. 335 ff. – Wie tief Hitlers «Weltanschauung» in die Armee
eingedrungen war, zeigt auch ein Tagesbefehl des Generalobersten
Erich Hoepner, später ein Mann des Widerstandes, der dafür mit
seinem Leben bezahlte und am 8. August 1944 gehenkt wurde:
«Der Krieg gegen Russland ist die zwangsläufige Folge des uns auf-
gedrungenen Kampfes um das Dasein. Es ist der alte Kampf der
Germanen gegen das Slawentum, die Verteidigung europäischer
Kultur gegen moskowitisch-asiatische Überschwemmung, die
Abwehr des jüdischen Bolschewismus. Dieser Kampf muss die
Zertrümmerung des heutigen Russland zum Ziele haben und deshalb mit unerhörter Härte geführt werden. Jede Kampfhandlung
muss … von dem eisernen Willen zur erbarmungslosen, völligen
Vernichtung des Feindes geleitet sein.» (Zitiert nach: Helmut
Krausnick / Hans-Heinrich Wilhelm, Die Truppe des Weltanschau-
ungskrieges. Die Einsatzgruppen der Sicherheitspolizei und des SD
1938–1942, Stuttgart 1981, S. 217.) Siehe zum Thema auch: Alexander Dallin, Deutsche Herrschaft in Russland 1941–1945. Eine Stu-
die über Besatzungspolitik, Düsseldorf 1958; Franz Klee / Willi Dre-
ßen (Herausgeber): «Gott mit uns». Der deutsche Vernichtungs-
krieg im Osten 1939–1945, Frankfurt am Main 1989; Hans-Heinrich
Wilhelm, Rassenpolitik und Kriegführung. Sicherheitspolizei und
Wehrmacht in Polen und in der Sowjetunion 1939–1942, Passau
1991.

84: Ulrich von Hassell, Vom andern Deutschland. Tagebuchaufzeich-
nungen 1938–1944, Neuausgabe unter dem Titel: Die Hassell-
Tagebücher 1938–1944. Aufzeichnungen vom Andern Deutschland, Berlin 1988, herausgegeben von Friedrich Freiherr Hiller von

Gaertringen, S. 200. – Als Mitglied der Widerstandsbewegung wurde Hassell am 8. September 1944 hingerichtet.

84: Von den insgesamt 5,7 Millionen Soldaten der Roten Armee, die im Verlauf des Krieges in Gefangenschaft gerieten, waren bis zum 28. Februar 1942 schon zwei Millionen umgekommen. Näher zum Thema: Christian Streit, Keine Kameraden. Die Wehrmacht und die russischen Kriegsgefangenen 1941–1945, Stuttgart 1978.

84: Seit Beginn des Russlandfeldzuges befand sich das Oberkommando des Heeres, in dem Stauffenberg arbeitete, im ostpreußischen Masuren. Sein Codename hieß «Mauerwald». In der Nachbarschaft lag Hitlers Hauptquartier «Wolfsschanze». Die «Wolfsschanze» – nahe bei Rastenburg – kann man noch heute besichtigen. Dort befindet sich eine Gedenktafel in polnischer und deutscher Sprache. Der deutsche Text lautet: «Hier stand die Baracke, in der am 20. Juli 1944 Claus Schenk Graf von Stauffenberg ein Attentat auf Adolf Hitler unternahm. Er und viele andere, die sich gegen die nationalsozialistische Diktatur erhoben hatten, bezahlten mit ihrem Leben.»

87: Thüngen wird zitiert nach: Eberhard Zeller, a. a. O., S. 93 f., de Maizière nach Joachim Kramarz, a. a. O., S. 82.

87: Siehe von Haffner: Anmerkungen zu Hitler, München 1978, S. 59.

88: Der Hilferuf Loepers an Stauffenberg wird zitiert nach Peter Hoffmann, a. a. O., S. 224. – Joachim Murat, 1767 bis 1815, seit 1804 Marschall von Frankreich und seit 1808 König von Neapel, war der berühmteste Reiterführer Napoleons. Seine Kavallerie ging 1812 beim Rückzug aus Moskau im russischen Winter zugrunde.

90: Der Aufruf zur Woll- und Pelzsachensammlung wurde abgedruckt in: Der großdeutsche Freiheitskampf. Reden des Führers, Band III, München 1942, S. 153.

90: Zu seiner Übernahme der Führung des Heeres erließ Hitler am 19. Dezember 1941 einen Aufruf an die Wehrmacht und die Waffen-SS, in dem es am Ende hieß:
«Soldaten! Ich kenne den Krieg schon aus den vier Jahren des gewaltigen Ringens im Westen 1914 / 18. Ich habe den Schrecken fast aller großen Materialschlachten als einfacher Soldat selbst miterlebt. Zweimal wurde ich verwundet und drohte endlich zu erblinden. Mir ist daher nichts fremd, was auch euch quält, belastet und bedrückt. Allein ich habe nach vier Jahren Krieg in keiner Sekunde an der Wiederauferstehung meines Volkes gezweifelt und es mit

meinem fanatischen Willen als einfacher Soldat fertig gebracht, die ganze deutsche Nation nach mehr als fünfzehnjähriger Arbeit wieder zusammenzuschließen und von dem Todesurteil von Versailles zu befreien. Meine Soldaten!

Ihr werdet es daher verstehen, dass mein Herz ganz euch gehört, dass mein Wille und meine Arbeit unbeirrbar der Größe meines und eures Volkes dienen, dass mein Verstand und meine Entschlusskraft aber nur die Vernichtung des Gegners kennen, d. h. die siegreiche Beendigung dieses Krieges. Was ich für euch tun kann, meine Soldaten des Heeres und der Waffen-SS, in der Fürsorge und in der Führung, wird geschehen. Was ihr für mich tun könnt und tun werdet, das weiß ich: mir in Treue und Gehorsam folgen bis zur endgültigen Rettung des Reiches und damit unseres deutschen Volkes. Der Herrgott aber wird den Sieg seinen tapfersten Soldaten nicht verweigern! Führerhauptquartier, 19. 12. 1941 Adolf Hitler.»

(Der großdeutsche Freiheitskampf, a. a. O. S. 150 f.)

92: Keitel wird zitiert nach Christian Müller, Oberst i. G. Stauffenberg. Eine Biographie, Düsseldorf 1970, S. 223. Siehe zu Hitlers Äußerung unter dem entsprechenden Datum: Monologe im Führerhauptquartier 1941–1944. Die Aufzeichnungen Heinrich Heims, herausgegeben von Werner Jochmann, Hamburg 1980.

92: Siehe von Manstein: Verlorene Siege, zuerst 1955, Ausgabe Bonn 1959.

93: Es handelte sich um die Frage des Grafen Moltke, durch einen Vetter Stauffenbergs übermittelt, ob man nichts tun könne. In der Antwort des Bruders Berthold hieß es: «Ich habe mit Claus gesprochen. Er sagt, zuerst müssen wir den Krieg gewinnen. Während des Kriegs darf man so was [einen Umsturz] nicht machen, vor allem nicht während eines Krieges gegen die Bolschewisten. Aber dann, wenn wir nach Hause kommen, werden wir mit der braunen Pest aufräumen.» (Zitiert nach Hoffmann, Claus Schenk Graf von Stauffenberg und seine Brüder, 2. Auflage Stuttgart 1992, S. 229.) Diese Art von Hoffnung oder Vorsatz, mit der Vertagung verbunden, war unter kritischen Geistern weit verbreitet.

94: Zitat Hoffmann: A. a. O., S. 229.

94: Siehe zum «Narren und Verbrecher» usw. wiederum Hoffmann, a. a. O., S. 251 und 254. Zum dritten Ausspruch ist auch als Spielart überliefert: «Es kommt nicht darauf an, ihm [Hitler] die Wahrheit zu sagen, sondern ihn umzubringen, und ich bin dazu bereit.»

94: Alexander Stauffenberg wird zitiert nach Hoffmann, a.a.O., S. 449.

95: Zur Abschirmung Hitlers sei verwiesen auf: Peter Hoffmann, Die Sicherheit des Diktators. Hitlers Leibwachen, Schutzmaßnahmen, Residenzen, Hauptquartiere, München 1975. Siehe ferner: Das Führerhauptquartier 1939–1945, herausgegeben von Gerhard Buck, 3. Auflage Berg bei Starnberg 1973; als ein Bericht von innen her: Walter Warlimont, Im Hauptquartier der deutschen Wehrmacht 1939–1945. Grundlagen, Formen, Gestalten, Frankfurt am Main 1962.

98: Näher zu Stauffenbergs Einsatz in Afrika, zu seiner Verwundung und Genesung: Eberhard Zeller, a.a.O., S. 139 ff.; Peter Hoffmann, Claus Schenk Graf von Stauffenberg und seine Brüder, a.a.O., S. 269 ff.

100: Siehe zu Tresckow: Bodo Scheurig, Henning von Tresckow. Eine Biographie, Frankfurt am Main, Berlin und Wien 1980. Von Tresckows Attentatsversuchen hat höchst spannend sein ehemaliger Ordonnanzoffizier erzählt: Fabian von Schlabrendorff, Offiziere gegen Hitler, zuerst Zürich 1946; neue durchgesehene und erweiterte Ausgabe von Walter Bußmann, Berlin 1984. – Schlabrendorff, Jurist und Reserveoffizier, wurde nach dem 20. Juli 1944 verhaftet und gefoltert, überlebte aber die Konzentrationslager, in die er verbracht wurde. Von 1967 bis 1975 war er Richter am Bundesverfassungsgericht.

103: Rudolf-Christoph Freiherr von Gersdorff, 1905–1980, hat selbst berichtet: Soldat im Untergang. Lebensbilder, Frankfurt am Main, Berlin und Wien 1979.

105: Siehe zu Margarethe von Oven, später verheiratet als Gräfin Hardenberg: Hoffmann, a.a.O., 337 ff.; Zeller, S. 165.

106: Siehe zu dem ganzen Gedicht: Stefan George, Gesamtausgabe der Werke. Endgültige Fassung, Berlin 1927–1934, Band IX, S. 114.

108: Näher zu Beck: Gert Buchheit, Ludwig Beck. Ein preußischer General, München 1964. Zu Goerdeler: Gerhard Ritter, Carl Goerdeler und die deutsche Widerstandsbewegung, Neuausgabe Stuttgart 1984. Zu Hassell: Gregor Schöllgen: Ulrich v. Hassell 1881–1944. Ein Konservativer in der Opposition, München 1990.

108: Das Zitat von Gerhard Ritter: a.a.O., S. 367.

108: Zu den Einzelheiten der Planung von Attentat und Staatsstreich, die hier nur knapp skizziert werden, sei verwiesen auf: Peter Hoffmann, Widerstand, Staatsstreich, Attentat. Der Kampf der Opposition gegen Hitler, 3. neu bearbeitete Auflage München 1969. Als anschauliche Darstellung sei besonders empfohlen: Joachim Fest, Staatsstreich. Der lange Weg zum 20. Juli, Berlin 1994.

109: Bussche wird zitiert nach Eberhard Zeller, Geist der Freiheit. Der zwanzigste Juli, München 1963, S. 334.

110: Siehe zu dem Rat des Vaters Kleist an den Sohn: Bodo Scheurig, Ewald von Kleist-Schmenzin. Ein Konservativer gegen Hitler, Oldenburg und Hamburg 1968, S. 187.

111: Siehe zu dem Ausruf des Grafen Yorck: Rudolph-Christoph Freiherr von Gersdorff, Soldat im Untergang. Lebensbilder, Frankfurt am Main, Berlin und Wien 1979, S. 143.

111: Siehe zu Breitenbuch: Zeller, a. a. O., S. 198 f.; Hoffmann, Widerstand …, S. 407 ff.

112: Das Reichsgebiet war traditionell in Wehrkreise unterteilt, die ungefähr den preußischen Provinzen und den sonstigen deutschen Ländern entsprachen, mit dem Sitz der Befehlshaber in den jeweiligen Hauptstädten: Wehrkreis I Ostpreußen / Königsberg, Wehrkreis II Pommern / Stettin, Wehrkreis III Berlin, Wehrkreis IV Dresden, Wehrkreis V Stuttgart, und so fort bis zu den Wehrkreisen XX, Westpreußen / Danzig, und XXI Warthegau / Posen.

114: Balck wird auf der Grundlage mündlicher Befragungen zitiert von Wolfgang Venohr: Stauffenberg. Symbol des Widerstandes, 3. überarbeitete Neuauflage München 2000, S. 207 und 278 f.

117: Natürlich gab es neben den Verbindungen, die Goerdeler knüpfte, noch andere und wichtige Widerstandsgruppen. Als ein Beispiel sei der «Kreisauer Kreis» erwähnt, benannt nach dem schlesischen Gut Kreisau des Grafen Helmuth James Graf von Moltke, einem Urgroßneffen des berühmten preußischen Feldmarschalls Helmuth von Moltke. Der «Kreisauer Kreis» plante nicht für den Umsturz, sondern für die Zukunft nach Hitler. Siehe als Literatur: Ger van Roon, Neuordnung und Widerstand. Der Kreisauer Kreis innerhalb der deutschen Widerstandsbewegung, München 1967; derselbe (Herausgeber), Helmuth James Graf von Moltke. Völkerrecht im Dienste des Menschen, Berlin 1986; Moltke, Briefe an Freya, 1939–1945, München 1988. Moltke wurde im Januar 1944 verhaftet und am 23. Januar 1945 hingerichtet.

117: Siehe zu Kaiser: Elfriede Nebgen, Jakob Kaiser. Der Widerstandskämpfer, 2. Auflage Stuttgart, Berlin, Köln und Mainz 1970; zum Gespräch Kaisers mit Stauffenberg S. 173 f. – Kaiser, 1888–1961, tauchte nach dem 20. Juli unter und entging der Verhaftung. Nach 1945 gehörte er zu den Begründern der CDU in der sowjetischen Besatzungszone und in Berlin. Von 1949 bis 1957 war er Bundesminister und bis 1958 stellvertretender Vorsitzender der CDU. Im Kampf um die Führung der Partei und ihre politische Linie unterlag er Konrad Adenauer.

118: Näher zu Leber: Dorothea Beck, Julius Leber. Sozialdemokrat zwischen Reform und Widerstand, Berlin 1983. Siehe auch: Julius Leber. Ein Mann geht seinen Weg. Schriften, Reden und Briefe von Julius Leber, Berlin 1952.

119: Siehe zur Aussage Berthold Stauffenbergs: Spiegelbild einer Verschwörung. Die Kaltenbrunner-Berichte an Bormann und Hitler über das Attentat vom 20. Juli 1944. Geheime Dokumente aus dem ehemaligen Reichssicherheitshauptamt, Stuttgart 1961, S. 447 ff.; Zitat S. 448. (Neuere Ausgabe in zwei Bänden Stuttgart 1984.)

119: Näher zu Trott zu Solz: Henry O. Malone, Adam von Trott zu Solz. Werdegang eines Verschwörers, Berlin 1986. Zum Zitat von Hans Rothfels: derselbe, Deutsche Opposition gegen Hitler. Eine Würdigung, Neuausgabe Tübingen 1969, S. 187. Siehe zum Thema auch: Klemens von Klemperer, Die verlassenen Verschwörer. Der deutsche Widerstand auf der Suche nach Verbündeten 1939–1945, Berlin 1994.

119: Tresckows Antwort hat Fabian von Schlabrendorff überliefert. Sie ist abgedruckt bei Joachim Fest, a. a. O., S. 240.

120: Siehe zur Schilderung des 7. Juni 1944: Peter Hoffmann, Claus Schenk Graf von Stauffenberg und seine Brüder, 2. Auflage Stuttgart 1992, S. 390. Dort auch die weiteren Quellenangaben.

121: Den Text der Ansprache Hitlers zum Kriegsbeginn findet man in: Der großdeutsche Freiheitskampf. Reden Adolf Hitlers, herausgegeben von Philipp Bouhler, Band I und Band II, 2. Auflage München 1943; S. 19 ff.; Zitat S. 26. Siehe auch: Max Domarus, Hitler. Reden und Proklamationen 1932–1945. Kommentiert von einem deutschen Zeitgenossen, München 1965, Band II, erster Halbband, S. 1316 ff.

123: Siehe zum Zitat über das Gespräch zwischen Stauffenberg und Sauerbruch: Peter Hoffmann, a. a. O., S. 391. Von Sauerbruch selbst: Das war mein Leben, Bad Wörishofen 1951, S. 552 ff. – Sauerbruchs

Erinnerungen sind nicht immer zuverlässig, doch werden sie hier aus anderen Quellen bestätigt. Siehe dazu Hoffmann, a. a. O., S. 588, Anmerkung 61. – Sauerbruch, 1875 bis 1951, entwickelte zahlreiche neue Operationsmethoden, außerdem Ernährungsregeln, um den Heilungsprozess zu unterstützen. Er hatte es eigentlich unternehmen sollen, Stauffenbergs Armstumpf mit einer bewegbaren künstlichen Hand zu versehen.

123: Siehe zum Gestapo-Zitat: Harald Steffahn, Claus Schenk Graf von Stauffenberg, Reinbek bei Hamburg 1994, S. 144.

126: Die Wehrmachtberichte 1939–1945, München 1985, Band III, S. 167 f. – «V1»: Flugbomben mit Düsenantrieb; das V steht für «Vergeltung». Sie richteten Zerstörungen an, bewirkten sonst aber nichts. Militärisch sinnvoll wäre nur ein massierter Einsatz gegen die südenglischen Häfen gewesen, als sich dort die alliierten Heere zur Invasion einschifften.

127: Rommels vollständiger Text ist abgedruckt bei Wolfgang Venohr, Stauffenberg. Symbol des Widerstandes. Eine politische Biographie, 3. überarbeitete Neuauflage München 2000, S. 326. – Ursprünglich war im Text von den *politischen* Folgerungen die Rede, die zu ziehen seien. Dies aber wurde vom Feldmarschall Hans Günther von Kluge gestrichen, um Hitler nicht zu sehr herauszufordern. Gleichwohl geriet Rommel nun in den Verdacht, abtrünnig zu sein. Als die Untersuchungen nach dem 20. Juli auf die Spuren seiner Mitwisserschaft führten, wurde er zum Selbstmord gezwungen – und anschließend mit einem Staatsbegräbnis geehrt. – Zur Entwicklung der Kriegslage sei verwiesen auf: Andreas Hillgruber / Gerhard Hümmelchen, Chronik des Zweiten Weltkrieges, Königstein / Taunus und Düsseldorf 1978. Speziell zur Stimmungslage in der Zeit des Attentats: Georg Holmsten, Deutschland Juli 1944. Soldaten, Zivilisten, Widerstandskämpfer, Düsseldorf 1982.

127 ff.: Eine Hauptquelle zur Rekonstruktion der Ereignisse am 20. Juli bilden neben den Erinnerungen der Überlebenden die Untersuchungen der Geheimen Staatspolizei: Spiegelbild einer Verschwörung. Die Kaltenbrunner-Berichte an Bormann und Hitler über das Attentat vom 20. Juli 1944. Geheime Dokumente aus dem ehemaligen Reichssicherheitshauptamt, herausgegeben vom Archiv Peter, Stuttgart 1961. Als gründlichste historische Untersuchung ist hervorzuheben: Peter Hoffmann, Widerstand, Staatsstreich, Attentat.

Der Kampf der Opposition gegen Hitler, 4. Auflage München und Zürich 1985. – Wie bei Überfällen oder sonstigen dramatischen Ereignissen üblich, weichen die Darstellungen der Augenzeugen stark voneinander ab; entsprechend die Berichte, die darauf aufbauen. So unterscheidet sich zum Beispiel das Protokoll des Zeitablaufs bei Venohr (a. a. O., S. 335 ff.) manchmal bis zu mehr als einer Stunde von anderen Darstellungen. Ähnlich verhält es sich bei den Wortwechseln. Es kann daher nur eine Annäherung an das Wahrscheinliche versucht werden. Das Wesentliche der Vorgänge ist jedoch unstrittig.

128: Benito Mussolini, geboren 1883, stand seit 1922 an der Spitze des faschistischen Italien. Als «Duce» (Führer) sah er auf den Emporkömmling Hitler zunächst mit Geringschätzung herab. Doch dann verbündete er sich mit ihm und führte 1940 Italien an der Seite Deutschlands in den Krieg. 1943 wurde er gestürzt und verhaftet. Ein deutsches Stoßtruppunternehmen befreite ihn, aber seitdem war er nur noch eine Marionette von Hitlers Gnaden. Beim Kriegsende versuchte er in die Schweiz zu fliehen, wurde jedoch am 28. April 1945 von italienischen Partisanen ergriffen und erschossen.

130: Nebe wird zitiert nach Hoffmann, Claus Schenk Graf von Stauffenberg und seine Brüder, a. a. O., S. 595, Anmerkung 241. – Nebe war eine zwielichtige Gestalt. Als erfahrener Kriminalist hatte er wesentlichen Anteil am Aufbau des Gewalt- und Überwachungsapparates des «Dritten Reiches». In der ersten Zeit des Russlandfeldzuges führte er eine der Einsatzgruppen der SS, die den Massenmord der Juden betrieben. Am 24. Juli 1944 tauchte er unter und versuchte, durch Abschiedsbriefe und andere Tricks einen Selbstmord vorzutäuschen, um sich der Verfolgung zu entziehen. Doch am 16. Januar 1945 wurde er gefasst und am 12. März hingerichtet.

131: Nicolaus von Below, Als Hitlers Adjutant 1937–1945, Mainz 1980, S. 381.

138: Der Oberst von Gersdorff hat versucht, Kluge noch einmal zur befreienden Tat zu drängen, das heißt zur Öffnung der Westfront für den Vormarsch der Alliierten. Er hat ihn beschworen, dass «alle großen Männer der Weltgeschichte» als «Retter in höchster Not» auf jedes Risiko hin gehandelt hätten. Daraufhin legte Kluge ihm die Hand auf die Schulter und sagte: «Gersdorff, der Feldmarschall von Kluge ist kein großer Mann.» (Rudolf-Christoph Freiherr von

Gersdorff, Soldat im Untergang. Lebensbilder, Frankfurt am Main, Berlin und Wien 1979, S. 151 f.)

138: Näher zu den Vorgängen in Frankreich: Wilhelm von Schramm, Aufstand der Generale. Der 20. Juli in Paris, neu bearbeitete Ausgabe München 1964.

144: Die mitternächtliche Führerrede ist abgedruckt bei Max Domarus, Hitler. Reden und Proklamationen 1932–1945, kommentiert von einem Zeitgenossen, München 1965, Band II, 2. Halbband, München 1965, S. 2128.

146: Einen Überblick über die Quellenangaben zu Stauffenbergs letztem Ruf liefert: Hoffmann, Widerstand ..., a. a. O., S. 862 f.

149: Joachim Fest, Staatsstreich. Der lange Weg zum 20. Juli, Berlin 1994, S. 345.

149: Haushofer, Moabiter Sonette, Berlin 1946. Das zitierte Gedicht trägt den Titel «Dem Ende zu». – Der 1903 geborene Dramatiker und Lyriker übte in seinen Römerdramen verdeckte Kritik am Nationalsozialismus. («Scipio» 1934, «Sulla» 1938, «Augustus» 1939.). Seine bedeutendsten Gedichte – und zugleich die bedeutendsten des Widerstandes – schrieb er nach seiner Verhaftung in der Berliner Gefängniszelle. Haushofer wurde am 23. April 1945 ermordet; seine Gedichte wurden nach ihrem Fundort benannt.

150: Siehe zu Hitlers Rachebefehlen: Eberhard Zeller, Geist der Freiheit. Der 20. Juli 1944, München 1963, S. 538. Außerdem: Hitlers Lagebesprechungen. Die Protokollfragmente seiner militärischen Konferenzen 1942–1945, herausgegeben von Helmut Heiber, Stuttgart 1962, S. 588.

151: Himmler wird zitiert nach: Ursachen und Folgen. Vom deutschen Zusammenbruch 1918 und 1945 bis zur staatlichen Neuordnung Deutschlands in der Gegenwart. Eine Urkunden- und Dokumentensammlung zur Zeitgeschichte, herausgegeben von Herbert Michaelis und Ernst Schraepler, Berlin 1958–1979, Band XXI, S. 505 f.

152: Siehe zu Melitta Stauffenberg: Gerhard Bracke, Melitta Gräfin Stauffenberg. Das Leben einer Fliegerin, München 1990. – Zu Unrecht ist diese mutige Frau fast in Vergessenheit geraten. In der Brockhaus Enzyklopädie von 1972 / 73 findet man zwar Hanna Reitsch, aber nicht Melitta Stauffenberg. Beide waren herausragende Pilotinnen, doch der Unterschied besteht darin, dass Melitta Stauffenberg auch über Zivilcourage verfügte, während Hanna Reitsch mit Hitler verbunden war und noch kurz vor dem Ende

Kopf und Kragen riskierte, um den Führer aus dem belagerten Berlin auszufliegen.

153: Joachim Fest in seiner Darstellung Freislers: A. a. O., S. 300 f. Näher zum Volksgerichtshof: Walter Wagner, Der Volksgerichtshof im nationalsozialistischen Staat, in: Die Justiz und der Nationalsozialismus, Veröffentlichungen des Instituts für Zeitgeschichte, Band 3, Stuttgart 1974.

154: Zum Protokoll der Verhandlung vor dem Volksgerichtshof: Prozess gegen die Hauptkriegsverbrecher vor dem internationalen Militärgerichtshof, Nürnberg 1947 ff., Band XXXIII, S. 299 ff.; die Schlussworte S. 529.

155: Von Hitlers Klage hat der Generaloberst Hans Friessner berichtet: Verratene Schlachten, Hamburg 1965, hier zitiert nach Wolfgang Venohr, Stauffenberg. Symbol des Widerstandes, 3. Auflage München 2000, S. 367.

156: Gerhard Ritter, Carl Goerdeler und die deutsche Widerstandsbewegung, Ausgabe Stuttgart 1984, S. 422.

157: Helmuth James von Moltke, Briefe an Freya 1939–1945, München 1988, S. 597 ff.

157: Wirmer wird zitiert nach Joachim Fest, a. a. O., S. 302.

159: Siehe zu dem Vorgang im Tiroler Pustertal wiederum Fest, a. a. O., S. 305 f.

162: Die Darstellung Stauffenbergs nach seiner Verwundung stammt von Albrecht von Kessel, einem Legationsrat im Auswärtigen Amt. Siehe zum Zitat: Hoffmann, Claus Schenk Graf von Stauffenberg …, a. a. O., S. 363.

162: Siehe von Robert Musil: Kleine Prosa. Aphorismen. Autobiographisches, Gesammelte Werke 7, Reinbek bei Hamburg 1978. Von Brecht: Leben des Galilei.

164: Der Gegensatz des «Wir» zu «den anderen» wird anschaulich, manchmal freilich auch idealisiert geschildert in der Kriegserzählung von Peter Bamm, Die unsichtbare Flagge, zuerst München 1952.

164: Siehe zur Kirchenfrage: Adolf Hitler, Monologe im Führerhauptquartier 1941–1944. Die Aufzeichnungen Heinrich Heims, herausgegeben von Werner Jochmann, Hamburg 1980, S. 272 und 150; ähnlich S. 337.

165: Hitlers Politisches Testament. Die Bormann-Diktate vom Februar und April 1945, Hamburg 1981, S. 73 f. – In die Anklagen mischt sich zugleich das Selbstmitleid: «Wofür die andern eine Ewigkeit haben, dafür blieben mir nur ein paar armselige Jahre.» (S. 110.)

167: Albrecht Haushofers Moabiter Sonett «Schuld» ist auch abgedruckt in: Deutschland Deutschland. Politische Gedichte vom Vormärz bis zur Gegenwart, herausgegeben von Helmut Lamprecht, Bremen 1969, S. 441 f.

168: Siehe zur Wechselwirkung von Heilsgewissheit und Scheußlichkeit: Jules Monnerot, Soziologie des Kommunismus, Köln und Berlin 1952, S. 356.

169: Niemöller wird zitiert nach Renzo Vespigiani, Faschismus, 5. Auflage 1979, S. 87.

170: Siehe zu Tresckows Vermächtnis: Fabian von Schlabrendorff, Offiziere gegen Hitler, Taschenbuchausgabe 1959, S. 154; neue, durchgesehene und erweiterte Ausgabe von Walter Bußmann, Berlin 1984. – Nessushemd: Nach der griechischen Sage von Herakles oder Herkules ein Gewand, das dem, der es anzieht, unter schrecklichen Schmerzen die Haut verbrennt und das Fleisch zerfrisst.

170: Stauffenberg wird zitiert nach Joachim Kramarz, Claus Graf Stauffenberg. 15. November 1907–20. Juli 1944. Das Leben eines Offiziers, Frankfurt am Main 1965, S. 201.

Vorschläge zum weiteren Lesen

Aretin, Karl Otmar von / Cartarius, Ulrich (Herausgeber): Opposition gegen Hitler. Ein erzählender Bildband der Sammlung Siedler, Berlin 1994.

Dönhoff, Marion Gräfin: Um der Ehre willen. Erinnerungen an die Freunde vom 20. Juli, Berlin 1994. *Der sehr persönliche Rückblick einer Frau, die selbst zum Widerstand gehörte.*

Fest, Joachim: Staatsstreich. Der lange Weg zum 20. Juli, Berlin 1994. *Eine eindringliche Gesamtdarstellung des militärischen und zivilen Widerstandes, der zum 20. Juli führte.*

Hammerstein, Kunrat Freiherr von: Spähtrupp, Stuttgart 1963. *Der spannende Bericht eines Offiziers, der am 20. Juli an der Seite Stauffenbergs stand und sich retten konnte.*

Poelchau, Harald: Die letzten Stunden. Erinnerungen eines Gefängnispfarrers, Köln 1987. *Der bewegende Bericht des Geistlichen, der den Verurteilten in ihren Todeszellen zur Seite stand.*

Schlabrendorff, Fabian von: Offiziere gegen Hitler, zuerst Zürich 1946, neue, durchgesehene und erweiterte Ausgabe von Walter Bußmann, Berlin 1984. *Über weite Strecken liest sich dieses Buch so spannend wie ein Kriminalroman.*

Steffahn, Harald: Claus Schenk Graf von Stauffenberg, 2. Auflage Reinbek bei Hamburg 1994. *Eine knappe, aber zuverlässige und besonders preiswerte Darstellung.*

Weisenborn, Günther: Der lautlose Aufstand. Bericht über die Widerstandsbewegung des deutschen Volkes, Hamburg 1953. *Im besten Sinne ein Lesebuch.*

Personenregister

Der Autor

Christian Graf von Krockow wurde 1927
in Pommern geboren und starb im Frühjahr 2002.
 Ab 1947 studierte er Soziologie,
Philosophie und Staatsrecht in Göttingen und Durham / England und schloss
sein Studium 1954 mit der Promotion
ab. Von 1961 bis 1969 lehrte er als Professor für Politikwissenschaft in Göttingen,
Saarbrücken und Frankfurt. Obwohl er vom Verlust der Ostge-
biete persönlich betroffen war, zählte er zu den ersten Deutschen, die sich für die Anerkennung der Oder-Neiße-Grenze als
Voraussetzung für die Versöhnung zwischen Polen und Deutschen einsetzten.
 1969 entschied sich Christian Graf von Krockow für ein Leben als freier Publizist und Schriftsteller. Für sein Schaffen
wurde er mehrfach ausgezeichnet; seine Bücher gehören nach
Meinung vieler Leser zum Besten, was zum Selbstverständnis
der Deutschen geschrieben wurde. Zu seinen bekanntesten
Werken zählen: «Die Stunde der Frauen», «Friedrich der
Große», «Bismarck», «Wilhelm II. und seine Zeit», «Die Deutschen in ihrem Jahrhundert 1890–1990» (Rowohlt) sowie zuletzt
«Hitler und seine Deutschen».

Bild: John Singer Sargent

Geschichte bei rororo

Tragödie oder Farce?
Von Göttern und allzu vielen Gräbern

C. W. Ceram
Götter, Gräber und Gelehrte
Roman der Archäologie
3-499-61136-8

Adam Hochschild
Schatten über dem Kongo
*Die Geschichte eines der großen,
fast vergessenen
Menschheitsverbrechen*
3-499-61312-3

John Keegan
Die Kultur des Krieges
3-499-60248 2

Werner Keller
Und die Bibel hat doch recht
*Forscher beweisen die historische
Wahrheit*
3-499-16614-3

Giles Milton
Muskatnuß und Musketen
*Der Kampf um das Gold
Ostindiens*
3-499-61367-0

John Keegan
Der Erste Weltkrieg
Eine europäische Tragödie
Plastisch, detailliert und voller
Anteilnahme schildert Keegan den
Kriegsverlauf an allen Fronten.
Große Politik spiegelt sich für den
Autor am besten im Schützen-
graben.

3-499-61194-5

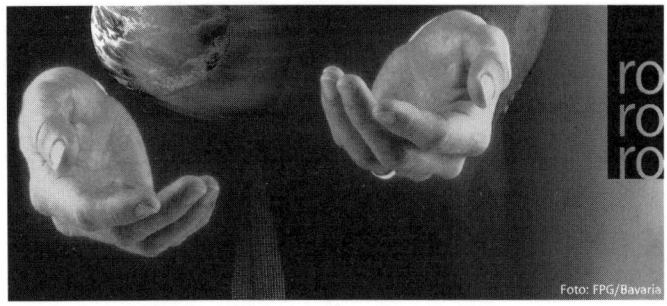

Foto: FPG/Bavaria

Politik, Zeitgeschichte, Gesellschaft

«In Zeiten wie diesen gehört viel Mut dazu, den Finger in die Wunden des Westens zu legen.»
Süddeutsche Zeitung

Brisard/Dasquié
Die verbotene Wahrheit
Die Verstrickungen der USA
mit Osama bin Laden
3-499-61501-0

Martin/Schumann
Die Globalisierungsfalle
Der Angriff auf Demokratie
und Wohlstand 3-499-60450-7

Prenzlauer Berg Museum/
Annett Gröschner
«Ich schlug meiner Mutter die brennenden Funken ab»
Berliner Schulaufsätze aus dem
Jahr 1946 3-499-60834-0

Inge Viett
Nie war ich furchtloser
Autobiographie 3-499-60769-7

Donella Meadows/Dennis
Meadows/Jorgen Randers
Die neuen Grenzen des Wachstums
3-499-19510-0

Daniela Dahn
Spitzenzeit

Lebenszeichen aus einem
gewesenen Land 3-499-61117-1
Wenn und Aber
Anstiftungen zum Widerspruch
3-499-61458 8
Westwärts und nicht vergessen
Vom Unbehagen in der Einheit
3-499-60341 1

3-499-61451-0

Foto: Ullstein Bild

Thema Drittes Reich bei rororo

«Der Schoß ist fruchtbar noch, aus dem das kroch.»
Bertolt Brecht

Richard Overy
Die Wurzeln des Sieges
Warum die Alliierten den
Zweiten Weltkrieg gewannen
3-499-61314-X

Christopher R. Browning
Ganz normale Männer
Das Reserve-Polizeibataillon 101
und die «Endlösung» in Polen
3-499-60800-6

Christopher R. Browning
Der Weg zur «Endlösung»
Entscheidungen und Täter
3-499-61344-1

Hellmut G. Haasis
«Den Hitler jag' ich in die Luft»
Der Attentäter Georg Elser.
Eine Biographie 3-499-61130-9

Georg M. Hafner/
Esther Schapira
Die Akte Alois Brunner
Warum einer der größten
Naziverbrecher noch immer
auf freiem Fuß ist
3-499-61316-6

Peter-Ferdinand Koch
Die Geldgeschäfte der SS
Wie deutsche Banken den
schwarzen Terror finanzierten
3-499-61315-8

Die Waffen-SS
3-499-60936-3

Ian Kershaw
Der NS-Staat

3-499-60796-4

Foto: Zefa-Heuvel

rororo sachbuch

Wie viel Erziehung braucht der Mensch?
Von Notständen und neuen Wegen

Jesper Juul
Das kompetente Kind
Auf dem Weg zu einer
Wertgrundlage für die ganze
Familie 3-499-61485-5

Jesper Juul
Grenzen, Nähe, Respekt
Wie Eltern und Kinder sich finden
3-499-60751-4

Joachim Braun
Jungen in der Pubertät
Wie Söhne erwachsen werden
3-499-61407-3

Judith Rich Harris
Ist Erziehung sinnlos?
Warum Kinder so werden, wie
sie sind 3-499-61469-3

Tim Rohrmann
Echte Kerle
Jungen und ihre Helden
3-499-60947-9

Herrad Schenk
Wieviel Mutter braucht der
Mensch? *Der Mythos von der*
guten Mutter 3-499-60376-4

Dieter Schnack/
Rainer Neutzling
Kleine Helden in Not
Jungen auf der Suche nach
Männlichkeit 3-499-60906-1

Petra Gerster/Chr. Nürnberger
Der Erziehungsnotstand
Wie wir die Zukunft unserer
Kinder retten

3-499-61480-4